KB220328

립스틱 짙게 바르고
한국어를 가르칩니다

강정미 지음

한국어 강사로 거듭나는 30가지 꿀팁!

BM (주)도서출판 **성안당**

✦

한국어로 소통하는
이들을 위한 찬가

한국어학당을 떠나면서 다시는 한국어를 못 가르칠 줄 알았습니다. 코로나19로 인해 기관에서 진행되는 한국어 수업 수가 현저히 줄어들었고 월급도 줄었습니다. '한국어 강사'라는 직업을 내려놓는 것은 자연스러운 흐름이었습니다. 이대로 한국어교육과는 영영 거리가 먼 삶을 살게 될 것만 같아 눈물을 왈칵 쏟았던 적이 있습니다.

저는 고등학생 시절부터 한국어교육을 향한 꿈을 키워 왔습니다. 꿈을 이루기 위해 대학교에서 국어국문학과에 진학하여 한국어 교육 전공으로 석사 학위를 취득하며 외국인에게 한국어를 가르치기 시작했습니다. 국내 대학 부설 한국어학당을 비롯 미국과 중국의 대학교 내 세종학당, 외국인 근로자센터, 한글 학교 등을 거치며 외국인 학생과 근로자, 재외 교포, 다문화가정 청소년에게 약 2,000시간 이상의 한국어 수업을 했습니다. 모국어인 한국어를 외국어의 관점에서 바라보는 것이 참 신선했고 다양한 사람들과 소통하며 이 재미를 전하는 것은 더욱 가슴 벅찬 일이었습니다.

그런데 현실은 날카로운 서릿발 위를 걷는 듯했습니다. 매일 국적, 나이, 문화가 다른 사람들을 만나며 한국어로 세계화된 드넓은 세상을 맛보았지만 한편으로는 통장 잔고를 보며 다음 학기 계약을 걱정했습니다. 매서운 바람에 떠밀려 눈물을 머금고 다른 일을 시작했습니다. 하지만 한국어를 가르치던 매력적인 일상을 여전히 잊을 수 없었습니다. 지금도 저는 퇴근 후 한국어 과외를 할 정도로 한국어교육을 너무나 사랑합니다.

그 사랑을 담기 위해 한국어 강사로서의 삶, 한국어 수업에 대해 에세이를 썼습니다. 집필하는 내내 제가 감히 이 에세이를 써도 될지 고민했습니다. 부족함 많은 제가 번데기 앞에서 주름잡듯 한국어 수업 노하우를 전하기에는 벅찬 일입니다. 다만 제게는 십 년 남짓 한국어 수업을 해온 경험이 있습니다. 이 경험은 저뿐만 아니라 동료 강사들, 학생들과 함께한 덕분에 값질 수 있었습니다. 이러한 고마움에 보답하기 위해 제 경험을 나누고 누군가에게 조금이나마 도움이 될 수 있다면 더욱 기쁠 것입니다.

어느새 거리에서 외국인을 마주하는 게 어렵지 않은 일이 되었습니다. 외국인이 모여 사는 지역이나 관광지에 굳이 가지 않아도 학교나 회사, 마트, 대중교통 안에서 알게 모르게 외국인을 만나며 일상을 함께 보내고 있습니다. K-POP, 한국 영화와 드라마, 책, 게임 등 한국 문화의 영향력이 커지며 한국어를 배우려는 학생도 더욱 늘어났습니다. 이에 따라 한국어 수업에 대한 관심도 높아졌습니다.

"한국어 수업 어때?"

"한국어 어떻게 가르쳤어?"

주변에서 여러 질문을 들을 때마다 제가 한국어를 처음 가르치던 첫해, 첫 학기, 첫 수업의 시간을 떠올립니다. 외국인 친구의 한국어 질문에 대답하듯이 한국어학당의 정규 수업이 아니더라도 한국어를 알릴 방법이 많습니다. 그래서 저처럼 한국어를 알리며 한국어로 소통하기 좋아하는 분들도 읽으면 가치 있을 이야기를 고민했습니다. 제 경험이 반드시 정답이 되는 것은 아니지만 든든한 보완재가 되기를 바라는 마음에서 한 편씩 키보드로 꾹꾹 눌러 담았습니다.

사실 한국어를 가르치는 길은 꽃길만 있지 않고 가시밭길도 함께 있습니다. 그리고 많은 선생님께서 오늘도 묵묵히 그 길을 걸어가고 계십니다. 한국어를 가르치며 기쁨과 슬픔, 보람과 희열을 온몸으로 느끼시는 강사님들, 나아가 한국어로 소통하는 이들에게 존경을 표하며 찬사를 드립니다.

2025년 3월

강정미

차례

나는
도망가는 강사입니다

나는 한국어 강사이다. 특히 도망가는 강사이다.

국내 대학교 부설 교육기관인 한국어학당에서는 외국인 유학생들을 대상으로 주말을 제외하고 매일 한국어 수업이 이루어진다. 정규 과정의 한국어 수업은 하루 4교시로, 오전반의 경우에는 오전 9시부터 오후 1시까지, 오후반의 경우에는 오후 2시부터 5시 50분까지 진행된다. 수업 시간은 1교시에 50분씩인데 한국어를 가르친 첫 학기에는 이 50분이 내게 너무나도 긴 시간이었다. 학생들은 멀뚱멀뚱 나만 바라보고 있는데 나 혼자 끊임없이 말해야 한다는 부담이 있었다. 처음에는 수업 시간을 온전히 다 채우기조차 힘들었다. 수업에 들어갈 때 교재 외에도 초시계를 들고 가서 힐끔힐끔 시간을 재며 수업했다. 수업하는 동안 책상 위에 올려놓은 초시계 외에도 교실에 걸린 벽시계를 흘깃거렸다. 그렇게

9시 50분, 10시 50분…. 이렇게 시계가 50분을 가리켜 쉬는 시간이 되기를 기다렸다.

초보 강사였던 나는 열여섯 명의 학생 앞에 서서 말하며 잔뜩 긴장했다. 첫 수업은 어떻게 했는지 경황이 없어서 기억도 잘 나지 않는다. 한 줌의 여유 없이, 누가 봐도 처음 가르치는 사람처럼 어눌한 말투로 수업했었다. 학생들은 서로의 눈치를 보며 고개를 갸우뚱했었다. 첫 수업은 자기소개와 수업을 소개하는 오리엔테이션 시간이라 가르칠 부담이 적었는데도 나는 입술과 손발을 벌벌 떨었다.

첫 학기 동안 나는 초보 강사인 만큼 수업 준비를 누구보다도 열심히 해야겠다며 굳게 마음먹었다. 그런데 교안을 아무리 완벽하게 외우고 교실에 들어가도 학생들의 초롱초롱한 눈빛을 보면 할 말을 까먹곤 했다. 조금이라도 더듬거리면 식은땀이 났다. 눈앞에서 학생들의 표정 변화를 실시간으로 관찰할 수 있었다. 그들은 아무 말도 하지 않았지만 표정만으로 이러한 생각을 읽을 수 있었다.

'저 선생은 대체 뭐라고 하는 것일까?'

내 말을 들으며 학생들이 혼란스러운 표정을 짓는 것은 일상이었다. 착한 학생들이 내가 비록 좀 버벅거려도 괜찮다는 표정을 지었지만 나는 전혀 괜찮지 않았다. 몇몇 학생들은 내가 버벅거릴 때마다 휴대폰을 보며 딴짓을 했다. 질문이 생겨도 나보다 다른 강사에게 물어보는 모습을 보며 씁쓸했다. 분명 수업 준비를 열심히 했는데 수업할 때는 티가 나지 않고 학생들이 이런 내 마음을 몰라주는 것 같았다. 수업 전, 수업 중, 수업 후 늘 내가 누군가에게 한국어를 잘 가르칠 수 있을까 걱정했다. 학생들에게 '선생님'이라고 불릴 때마다 내가 뭐라고 그렇게 불릴 자격이 있을까, 과연 이들을 잘 가르칠 수 있을까 싶었다.

하지만 첫 학기도 며칠이 지나니 어느덧 학생들과 수업하는 게 편안해졌다. 학기 초 50분의 수업 시간이 마냥 길기만 했었는데 오히려 짧게 느껴지는 순간이 왔다. 예전에는 잔뜩 떨면서 수업하느라 배고픈지도 모르고 수업했는데 요즘은 한창 수업하다가 배고픔을 느껴 꼬르륵거리기도 했다. 그래서 쉬는 시간이 되면 강사실로 뛰어갔다. 그곳에서 간식을 먹으며 허기를 달래고는 하였다.

그런데 쉬는 시간에 내게 질문하는 학생이 생겼다. 어라? 다른 선생님께 질문하지 않고 왜 나에게? 처음 받는 질문이라 너무 열심히 대답했더니, 그 사이 쉬는 시간이 훌쩍 지나갔다. 이런. 한 명이 질문하니 다음 쉬는 시간에는 또 다른 학생이 내게 질문했다. 오늘 학생들이 왜 이러지? 그날 나는 쉬는 시간에 간식을 먹지 못했다.

어느 날 나는 몹시 배고팠다. 쉬는 시간이 절실했다. 쉬는 시간 동안 간식도 먹고 자유 시간을 보내며 온전히 쉬고 싶었다. 혹시나 학생들이 질문하면 곤란했다. 그래서 50분이 되자마자 쏜살같이 교실을 나왔다. 내가 도망치는 모습이 너무 웃겼던 것일까. 교실을 나오니 학생들이 하하하 웃는 소리가 복도에서도 선명하게 들렸다. 조금 전까지만 해도 분명 졸려 했던 학생들이 내가 나가고 나니 뭐가 그리 재밌는지 자기들끼리 왁자지껄하며 생기를 되찾은 것 같아 약간 서운했다.

강사실에 들어가니 나밖에 없었다. 다른 강사들은 오늘따라 쉬는 시간마저 줄여가며 열렬히 수업하는 듯했다. 소중한 쉬는 시간을 즐기기 위해 자리에 앉아 과자를 한 입 베어 먹으려는 순간, 우리 반 학생이 나를 찾아왔다. 그러고는 미소가 가득 띤 얼굴로 이렇게 말했다.

"선생님, 우리 수업해요."

그 말을 듣고 시계를 다시 보니 11시 50분이었다. 아뿔싸! 지금은 3교시였다. 내가 일했던 한국어학당에서는 보통 50분 동안 수업한 뒤 10분간 쉬는 시간을 가지지만 예외가 있었다. 2교시가 끝난 뒤에는 10분이 아닌, 20분을 쉬는 것이다. 즉 2교시가 10시 50분에 끝나면 3교시는 11시 10분에 시작한다. 그리고 3교시는 12시에 끝난다. 수업하는 것에 익숙해지고 마침 배가 고팠던 나는 이번 시간도 정각이 아닌 50분에 끝나는 것으로 착각했다. 결국 3교시가 끝나는 시간보다 10분 일찍 교실을 나온 것이다.

학생을 따라 서둘러 교실로 되돌아가니 우리 반 학생들이 다시 하하하 웃었다. 나의 실수를 모른 척하고 10분 더 쉴 만도 한데 한 명도 빠짐없이 책상 앞에 앉아 나를 기다리고 있었다. 수업이 졸리더라도 더 배우고 싶고 수업 시간은 꼭 지켜야 한다는 학생들의 생각은 말하지 않아도 알 수 있었다. 이들에게서 10분이라도 한국어를 더 공부하려는 열정이 느껴졌다. 학생들의 얼굴을 하나하나 살피니 내 실수에 이미 잠은 다 깬 표정이었다. 덕분에 소중한 10분 동안 나와 학생들은 피곤함과 배고픔을 이겨내고 미소를 띤 채 수업에 집중할 수 있었다.

나는 한국어 강사이다. 여전히 쉬는 시간만 되면 휴식을 취하러 도망가고 싶다. 하지만 학생이 나를 찾으면 외면할 수 없다. 학생들은 먼 타국에서 한국어를 배우기 위해 한국으로 유학을 올 정도로 한국어를 향한 열정이 넘친다. 이들이 1분 1초라도 한국어를 더 배우기를 원한다면 그깟 쉬는 시간이 대수일까. 한국어를 공부하러 나를 찾는다면 기꺼이 그 열정에 답하며 피곤함 대신 뿌듯함으로 쉬는 시간을 채우고 싶다.

🔺 초보 탈출 꿀팁 ▸ 첫 학기 시간 관리

수업 시간의 시작과 끝은 철저히!

- 강사 혼자 얼렁뚱땅 수업을 시작해 버리면 학생들의 시선을 끌기 어렵습니다. 학생들이 수업에 집중할 수 있도록 수업 시간의 시작과 끝을 명확하게 해 주세요.

수업 시간 체크는 초시계나 벽시계로!

- 휴대폰, 손목시계를 통해 시간을 확인하는 모습은 학생들의 눈에 띄기 쉽습니다. 강사가 시계를 보는 것을 들키면 학생들의 집중력이 깨질 수도 있습니다. 초시계나 벽시계를 활용해 학생들 눈에 띄지 않게 시간을 파악하며 수업 진도를 나가 보세요.

쉬는 시간에 제대로 쉬지 못할 수도 있어요.

- 쉬는 시간에는 간식 먹기, 개인 연락, 수다 등 자유 시간을 즐기기 좋습니다. 그런데 질문하는 학생이 생기면 답변하느라 충분히 쉬지 못할 수도 있어요. 사라지는 쉬는 시간이 아쉬워도 학생이 나를 찾는 것은 한국어를 공부하는 열정과 나에 대한 믿음 때문이라는 것을 기억하며 힘내세요!

#2

제발
열심히 듣지 말아 주세요

한국어학당에는 5월 말과 11월 말에 손님이 온다. 바로 한국어 수업을 참관하러 온 실습생들이다. 학교에 따라 이틀에서 일주일씩 참관하게 된다. 실습생이 온다는 것은 누군가가 내 수업을 지켜본다는 뜻이므로 강사나 학생에게 참 부담스러운 일이다. 그러나 실습생에게 수업 참관은 매우 중요하고 꼭 필요한 과정이기에 그들의 참관은 충분히 이해할 수 있다.

한국어 강사가 되려면 한국어교원 자격증이 필요하다. 그러기 위해서는 대학이나 대학원에서 한국어교육을 전공하거나 한국어학당에서 한국어교원 양성과정을 듣고 한국어교육능력 검정시험에 합격해야 한다. 그때 반드시 들어야 하는 수업이 '한국어교육실습'이다. 이 수업에서는 실제로 한국어를 가르치듯이 교안을 짜고 수업을 시연한다. 또한 한국어학당에서 열리는 한국어 수업을 참관한다.

그전에 실습생들은 아주 기본적인 주의 사항을 듣는다. 과거에 이것조차도 지키지 않은 전설의 실습생이 있었다. 미니스커트 차림의 지각생이었던 그녀는 다리를 꼬고 팔짱을 낀 채 아메리카노를 마시면서 수업을 들었다고 했다. 마치 영화 보듯 한국어 수업에 대한 가벼운 마음이 느껴진 탓일까. 참관하는 반 선생님이나 학생은 한국어 수업에 대한 마음이 전혀 가볍지 않은데 그러한 그녀의 모습은 이들에게 상처가 되었다고 한다. 미꾸라지 한 마리가 온 웅덩이를 흐려 놓는다는 게 괜한 말이 아니듯 그녀 때문에 수업 분위기가 안 좋아졌다고 했다. 그녀와 같은 실습생이 더 이상 나오지 않도록 한국어학당에서는 실습생들에게 주의 사항을 꼭 안내한다. 가벼운 마음이 아닌 진지한 마음으로 수업을 참관한다, 수업에 지각하면 안 된다, 수업 시간에 음식을 먹으면 안 된다, 녹음이나 촬영을 하는 등 수업에 방해되는 행위를 하지 않는다 등.

내가 일하던 곳에서는 실습생들이 두 그룹으로 나눠 수업을 참관했다. 첫 번째 그룹은 경력이 많은 고수 강사가 가르치는 수업을 참관하는 그룹이다. 두 번째 그룹은 경력이 길지 않은 초보 강사가 가르치는 수업을 참관하는 그룹이다. 당시 나는 초보 강사로서 실습생을 받게 되었다. 손님이 오는 주를 달력에 형광펜으로 표시하며 디데이를 셌다. 참관 준비를 하면서 매우 긴장했지만, 동시에 첫 실습생을 만날 생각에 설레기도 했다. 실습생은 분명 한국어학당에 첫발을 들이며 비로소 자신이 상상했던 수업 공간이 눈앞에 펼쳐지는 벅찬 감정을 느꼈을 것이다.

나 역시 그랬으니까. 내가 실습생이었을 때 열정적으로 가르치는 선생님과 수업에 집중하는 학생들의 모습을 보며 한국어 강사로서의 미래를 더욱 기대했다. 우리 반 실습생도 내 수업을 참관한 뒤 벅찬 꿈을 안고 가기를 소망했다. 그 마음이 더욱 강렬해지면서 수업을 여러 번 점검하고 평소보다 더 열심히 준비했다.

드디어 참관 수업이 시작되었다. 아침 9시가 되기 전 바짝 긴장한 채 교실에 들어가니 실습생이 앉아 있었다. 태연한 척 반갑게 인사하며 교실을 쓱 둘러보았다. 이미 지난주부터 학생들에게는 수업을 잘 들어야 한다고 신신당부해 두었다. 학생의 한국어 수준은 초급이기에 학생이 이해되도록 말하기 위해서는 짧은 문장 위주로 유치원생에게 말하듯 말해야 했다.

"다음 주 다른 선생님께서 오실 거예요. 여러분이 한국어를 열심히 공부해요, 그거 볼 거예요. 여러분, 열심히 공부하세요."

학생들은 실습생이 낯설게 느껴졌는지 힐끔힐끔 눈치를 보느라 수업에 집중하지 못했다. 나 역시 눈치가 보였지만 아무렇지 않게 수업 진도를 나가고 교실 활동을 하며 딱딱한 분위기를 풀었다. 어느덧 실습생의 방문이 익숙해졌는지 학생들은 낯을 가리던 모습은 온데간데없고 몰려오는 졸음과 사투를 벌이고 있었다. 교실에서 유일하게(?) 말짱한 정신으로 앉아 있는 사람은 실습생뿐이었다.

그녀는 초롱초롱한 눈빛으로 내 말 한마디라도 놓치지 않겠다는 듯 다 받아 적었다. 반면 학생들은 오늘 수업에서 중요한 부분을 아무리 여러 번 강조해도 흐릿한 눈으로 나를 응시했다. 실습생만이 공책에 별표를 치며 바쁘게 필기할 뿐이었다. 그러다 보니 실습생이 참 감사하면서도 살짝 부담되었다. 혹시나 내가 수업할 때 실수하지는 않았는지. 나중에 실습생들 사이에서 내 수업이 도마 위에 오르지는 않을지 걱정이 이만저만 아니었다. 아, 차라리 실습생이 깜빡 조느라 수업 흐름을 잠깐 놓쳐도 좋을 텐데. 실습생에게 마음속 바람이 담긴 눈빛을 보냈다.

'선생님, 제발 열심히 듣지 말아 주세요.'

너무 뜨거운 눈빛을 보낸 탓일까? 참관 기간 마지막 날 수업이 끝나고 실습생이 찾아왔다. 그리고 내게 따뜻한 커피 한 잔을 내밀었다.

"선생님, 수고하셨습니다."

그 말을 들으니 긴장이 풀리며 마음이 훈훈해졌다. 내가 수업하며 그녀에게 보낸 눈빛에는 여러 마음이 담겨 있었다. 우선 내 수업에 대한 욕심이다. 초보여도 고수처럼 수업을 잘하고 싶은 마음, 내 수업이 누구에게나 재미있는 수업이기를 바라는 마음, 또 학생들에 대한 애정도 있었다. 학생들이 졸음의 유혹에 빠지지 않고 열심히 공부하는 모습만 포착해 주었으면 하는 마음, 그래서 학생들의 좋은 모습만 담아가기를 바랐다. 실습생에 대한 기대도 있었다. 실습생이 내 수업을 보고 어땠는지 궁금했고, 혹여 이상하게 수업해서 실습생이 실망하게 하고 싶지 않았다.

실습생이 건네준 커피가 그냥 커피 한 잔이 아님을 안다. 그 커피에는 실습생의 감사 인사와 참관하는 동안 느꼈던 진심이 담겨 있다. 한국어 수업이 어떻게 진행되는지 비로소 알 수 있었다는 마음. 학생들이 열심히 공부하는 모습을 잘 보았다는 마음. 앞으로 자신이 어떠한 강사가 될지 상상하며 벅찼던 기대감이다.

한국어교육 실습은 단순히 외부인이 한국어 수업을 참관하는 것이 아니다. 한국어 강사와 예비 강사가 마주하는 시간이다. 강사는 참관 몇 주 전부터 두렵지만 설레는 마음으로 수업을 준비한다. 부끄럽지 않고 떳떳하게 수업하며 우리 학생들을 자랑하기 위해. 한국어 강사라는 직업이 이래서 보람 있구나, 하는 마음을 실습생에게 느끼게 해 주고 싶다. 예비 강사인 실습생은 궁금했던 수업을 직접 보며 강사와 학생의 열정을 느끼고 앞으로 자기 모습에 대한 기대를 키운다. 참관하는 동안 강사와 예비 강사가 마주하며 수업과 학생, 직업에 대해 공감하고 따뜻한 정을 나눈다. 내가 만난 실습생도 시간이 흘러 진짜 강사가 될 것이다. 그 뒤 그녀도 수업 시간에 실습생에게 이런 말을 할 날이 오지 않을까?

'선생님, 제발 열심히 듣지 말아 주세요.'

초보 탈출 꿀팁 ▶ 수업에 실습생이 들어온다면

- 수업 준비는 더욱 철저히! 실습생 앞에서 버벅거린다면 그날 밤 이불 킥을 하게 됩니다.
- 수업 때 나눠 줄 인쇄물은 실습생 몫까지 챙겨서 평소보다 +1로 준비하세요.
- 실습생이 오는 상황을 최대한 자연스럽게 만들어 보세요.
- 학생들에게 실습 선생님은 여러분이 열심히 공부하는 모습을 보고 싶어 한다는 이야기를 미리 해 주세요.

시험 기간에
나는 놀 줄 알았어요

내가 학생이었을 때는 매 학기 시험 기간이 가까워지는 게 싫었다. 그랬던 내가 강사가 되고 나니 시험 기간을 손꼽아 기다리게 되었다. 특히 첫 학기는 하루하루 수업 준비를 하느라 시간이 어떻게 흘러가는지 몰랐다. 그 와중에 시험 기간에는 학생들이 시험을 보니 수업 준비를 할 필요가 없을 테고 오랜만에 놀아도 되겠다는 생각이 들었다. 매일 반복된 수업을 하다가 중간시험과 기말시험이라는 특별한 이벤트가 생긴 것 같았다. 시험 기간이 되기 2주 전부터 마음이 들떠도 학생들에게 티를 내지 않기 위해 애썼다.

반대로 학생들은 시험 기간이 다가올수록 표정이 어두워졌다. 수업이 끝나고 왁자지껄하던 교실도 조용해졌다. 쉬는 시간에 엎드려 자던 학생도 책을 보며 한 글자라도 더 눈에 담았다. 시험 전날이 되었다. 이미 말했던 시험 안내 사항도 한 번 더 이야기해야 하는 시점이 왔다. 문법 복습 시간에 학생들은 내 입에서 '시험'이라는 두 글자만 나와도 눈빛이 반짝거렸다. 어떤 학생은 내게서 조금의 힌트라도 더 얻고 싶어 했다. 또 어떤 학생은 오늘 복습하는 문법을 처음 배운다는 듯이 새롭다는 표정을 지었다. 이렇게 각기 다른 학생들의 반응을 보며 시험 전날 수업이 끝났다. 둥그렇게 둘러앉은 책상 대열을 일렬로 바꾸니 내일이 시험이라는 것이 실감 났다.

드디어 시험 날이 되었다. 학생들은 하루에 읽기, 듣기, 쓰기 시험을 한꺼번에 치르고 다른 날 말하기 시험을 치른다. 말하기 시험 때는 학생을 인터뷰하며 동시에 점수를 매기느라 정신이 없다. 반면 다른 과목 시험 때는 하루 종일 시험 감독을 하느라 지루하다. 그런데 시험 감독은 교실 앞에서 서 있는 게 다가 아니다. 간혹 부정행위를 하는 학생들이 나올 수도 있기에 결코 방심하면 안 된다. 지난 학기 다른 반 학생은 필통에 아주 작은 커닝 페이퍼를 넣어 놓고 힐끗 훔쳐보다가 걸렸다고 했다. 하지만 아무리 우리 반에서 부정행위를 하는 학생이 나오지 않도록 매의 눈처럼 치켜뜨며 감독해도 시간은 느리게만 흘러간다. 시험 문제를 푸는 학생들을 하나둘 살펴보면 얼굴에 초조함이 가득한 학생도 있고 의문투성이인 학생도 있다.

듣기 시험을 감독할 때는 더욱 조심스러워진다. 학생들은 한국어를 외국어로 듣다 보니 예민해진다. 누군가 기침하면 따가운 눈총을 보낸다. 그런 예민한 학생들도 시험을 보다가 스피커에서 아는 선생님의 목소리가 들리면 반가워한다. 듣기 시험 문제를 만들 때 한국어 강사가 직접 녹음하기도 한다. 이때 세 명의 강사가 참여한다. 문제를 읽는 사람, 듣기 문제 속 대화에서 남자 역할을 하는 사람, 여자 역할을 하는 사람.

"1번. 다음을 듣고 질문에 답하세요."

이처럼 나는 문제를 읽는 사람으로서 이번 듣기 시험 문제를 녹음했다. 그런데 내 목소리인지 전혀 모를 것으로 생각했는데 학생들이 예상 외 반응을 보였다. 내 목소리를 어떻게 알아들었는지 문제가 들리자마자 학생들이 고개를 들어 나를 보며 미소를 지었다. 이윽고 남자와 여자의 대화가 시작되자 진지한 표정으로 듣기 시작했다.

길게 느껴졌던 시험이 끝나고 나면 학생들은 밝은 표정으로 쏜살같이 교실을 뛰쳐나갔다. 학생들이 나가기 전에 곧 있을 문화 체험 활동에 대해 안내해도 듣는 둥 마는 둥 했다. 오랫동안 시험이 끝나기만을 기다려 온 그들이 얼마나 들떠 있는지 고스란히 느껴졌다.

이제 강사의 업무가 본격적으로 시작된다. 빨간 색연필을 꺼내 들고 학생의 답안을 채점한다. 듣기와 읽기 과목은 객관식이라 채점이 금방 끝난다. 쓰기 과목이 관건이다. 약 열여섯 명의 쓰기 답안을 채점하는 것은 보통 일이 아니다. 쓰기 시험은 단답형 문제와 서술형 문제로 나뉘는데 단답형 문제를 채점하는 것은 식은 죽 먹기이다. 단답형 문제는 정답이 있기에 학생이 쓴 답이 정답과 일치하면 O, 일치하지 않으면 X로 채점하면 된다. 부분 점수가 있는 문제도 있지만 기준에 따라 점수를 부여하면 되어서 금방 끝난다. 단답형 문제에서도 학생들의 재미난 답이 나온다. '횡단보도'를 '황단보도'라고 쓴 것은 애교다. 수업 시간에 그렇게 강조했던 '얼음찜질을 해요.'라는 표현을 '얼음을 찜질해요.'로 쓴 오답이 수두룩하게 나온다.

더 큰 난관은 서술형 문제의 답안을 채점할 때이다. 서술형 문제는 정답이 없기에 채점하는 데 시간이 오래 걸린다. 퇴근하기 전까지 채점이 끝나지 않아 답안지를 집에 들고 가서 마저 채점해야 할 때도 있다. 그러면 저녁이 다 되어서야, 혹은 다음 날 채점이 끝나기도 한다. 물론 서술형 답안을 채점하는 기준이 있지만 한 문장 한 문장 채점하다 보면 시간이 훅 간다. 오히려 백지인 답안지를 보면 채점할 수고를 덜어 잠깐 기쁘다가도 이 학생의 성적에 답답해진다.

채점이 끝나면 시험 성적을 학사 시스템에 입력하여 반별 평균을 낸다. 혹시나 잘못 채점하지는 않았는지 확인하고 다른 반 성적과도 비교해 본다. 또 중간시험에서 성적이 좋지 않은 학생은 앞으로 기말시험 때 최소 몇 점 이상 맞아야 유급을 면할 수 있을지 가늠해 본다. 그제야 시험 관련 업무가 끝난다. 시험 기간에 강사인 나는 놀 줄 알았다. 하지만 시험 문제 출제, 채점, 성적 입력 등으로 야근은 물론 다음 날 휴일이어도 근무하는 경우도 있었다. 놀기는커녕 일하느라 바빠서 전혀 놀지 못했다. 하지만 시험 문제를 진지하게 푸는 학생들을 보며 한국어 공부에 대한 열정을 느끼고 그들이 쓴 기상천외한 답을 보며 재미를 느꼈다. 이제 시험 기간이 다가오면 새로운 열정과 재미를 접할 생각에 기대가 된다.

초보 탈출 꿀팁 무엇으로, 언제 채점하는 것이 좋을까요?

객관식 시험에는 빨간 색연필, 주관식 시험에는 빨간 펜으로!

- 객관식 시험: 소리가 잘 나지 않고 부드러운, 빨간 색연필로 채점하는 게 좋아요.
- 주관식 시험: 철자/표현 오류 표시가 쉬운 얇은, 빨간 펜으로 채점하는 게 좋아요.

시험 감독하면서 채점하는 것은 추천하지 않아요!

- 시험 감독 때 다른 과목의 답안지를 채점하면 학생들은 자신들이 보는 시험이 아닌, 선생님의 채점에 집중하게 되어 좋지 않아요..
- 채점 시간을 줄이고 싶어도 시험 감독 때는 참아 주세요.

네 시간만 허락된
우리의 짧은 만남

한국어 강사로서 첫 학기 수업을 시작한 지 한 달이 지나니 어느 정도 수업하는 것에 익숙해졌다. 얼마 뒤 나는 다른 반 수업 대강(代講)을 하게 되었다. 동료 강사가 갑작스레 아파서 수업하지 못하게 되었기 때문이다. 한국어 강사는 수업 있는 날 개인 사정이 생겨도 연차를 쓸 수 없다. 내가 없어도 수업은 진행되어야 하므로 대신 수업할 사람을 구해야 한다. 그날 나는 그 반 수업에 대신 들어갔다. 우리 반과 달리 익숙하지 않은 다른 반 수업이다 보니 마치 새 학기 첫날을 맞이하는 기분이었다. 새로운 교실로 걸어가며 긴장감에 심장이 쿵쾅쿵쾅 뛰었다.

교실 문을 열고 들어가니 낯선 사람의 등장에 학생들 눈이 휘둥그레졌다.

"김 선생님이 몸이 안 좋아요. 오늘은 저하고 수업해요."

담임이신 김 선생님의 소식에 놀란 학생들은 수업보다도 선생님 걱정이 우선이다.

"선생님, 김 선생님 언제 오세요?"

김 선생님이 내일 다시 오신다는 말에 학생들 표정도 한층 밝아졌다. 이따가 김 선생님께 여러분이 오늘도 열심히 공부했는지 말하겠다고 하니 학생들은 그제야 책을 펴며 수업에 집중했다. 아무리 같은 교재와 교안을 이용했어도 가르치는 사람이 다르니 수업 방식이 달라질 수밖에 없었다. 학생들은 내 수업 방식에 금세 적응하며 곧잘 대답하였다. 어느덧 수업이 끝나고 학생들은 내게 평소처럼 인사했다.

"선생님, 내일 만나요."

"여러분, 우리 내일 안 만나요. 내일은 김 선생님이 오실 거예요."

내 말에 학생들은 빵 터지며 다시 인사했다.

"강 선생님, 수고하셨습니다."

그 말을 들으니 마음이 한결 가벼워졌다. 오늘 수업한 나에 대한 고마움과 아쉬움을 느낄 수 있었다. 우리는 다시 만날 수 있을까?

사실 다른 반 수업 대강은 상당히 부담스러운 일이다. 나는 그 반 학생들을 처음 만나지만 학생들끼리는 서로 알고 있고 친해진 상태이다. 제한된 시간 안에 나는 이들을 데리고 아이스 브레이킹이나 오리엔테이션을 하지 않고 바로 수업 진도를 나가야 한다. 수업이 시작되면 내 수업 방식이 드러나며 학생들에게 담임 선생님의 수업 방식과 분명 비교될 것이다. 게다가 그날이 원래 내가 수업하는 날이 아니라면 수업 준비를 추가로 해야 한다.

　이러한 부담감에도 불구하고 여러 이유로 대강을 하게 된다. 학생들이 수업을 듣지 못하는 것을 막기 위해. 김 선생님의 공백을 최소화하기 위해. 그리고 하루를 가르쳤어도 내가 이상한 선생님으로 기억되고 싶지 않기 때문이다. 이들에게 짧게나마 재미있고 알찬 시간을 제공해서 좋은 선생님으로 기억되고 싶다.

　대강하면 동료 강사의 상황에 따라 하루(네 시간), 일주일, 한 달까지도 대신 수업을 하게 된다. 주기적으로 만나는 담임이나 부담임에 비하면 대강 강사는 학생들과 짧은 만남을 갖는다. 하지만 짧게 주어진 시간만 채워 수업하는 것이 전부가 아니다. 옷깃만 스쳐도 인연이라는 말이 있듯이 그 짧은 기간에도 학생들과 서로 정이 든다. 다른 날 복도에서 우연히 마주치면 서로를 알아보고 반갑게 인사하기도 한다. 또 하루 대강한 반의 학생을 다음 학기에 만나 담임으로 맡게 된 적도 있었다. 내가 그 학생의 이름까지 정확하게 기억하는 것은 물론이고 그 학생도 나를 기억하고 있었다. 직전 학기에는 4시간만 허락되어 우리의 만남이 짧을 수밖에 없지만 인연은 계속된다. 심지어 학생이 졸업하고 나서도 연락이 와 인연이 이어지기도 한다.

　대강은 수업에 들어가기 전에는 부담스러워도 막상 끝나고 나면 보람차면서도 한편으로는 아쉬움이 남는다. 새로운 학생들을 만나 그날 하루 가르치는 것으로 끝이 아니다. 그새 정이 들고 친해져서 다음 날 교실 대신 복도에서 만나도 반갑게 인사한다. 대강을 통해 학생들과 인연을 맺을 수 있다. 그날 가르친 학생을 언제 또 만날지 모른다. 대강하는 수업 시간은 네 시간뿐이어도 인연이 이어지는 한 대강의 여운은 굉장히 길다. 대강한 반의 학생을 언젠가는 또 만나기를 기대하며 오늘도 대강하러 교실에 들어간다.

초보 탈출 꿀팁 **대강할 때 이것은 필수!**

대강하는 반의 출석부는 꼭 챙기세요.

- 출석 체크를 한 뒤 선생님의 이름도 학생들에게 꼭 소개해 주세요. 서로 누가 누구인지 알아야 기계적인 수업이 아닌, 정감 있는 수업을 할 수 있어요.

담임 선생님이 왜, 언제까지 수업을 못 하는지 말해 주세요.

- 새로운 선생님이 들어와서 갑자기 바로 수업하면 당연히 학생들이 놀라겠죠? 대강하게 된 상황을 학생들에게 알려 주세요.

#5

미소 짓게 하는
강의 평가

학기 말 수업이 끝나기 10분 전, 학생들에게 건네기 껄끄러운 것을 나눠주어야 한다. 바로 강의 평가지이다. 한국어 강사는 매 학기 강의 평가를 받는다. 대부분의 평가가 형식적으로 이루어진다고 하니 여러 번 하면 아무렇지 않을 줄 알았는데 학생에게 평가를 요청할 때마다 마음 한구석이 조마조마하다.

강의 평가에는 꼭 지켜야 할 규칙이 있다. 강의 평가가 진행되는 동안 강사는 학생과 같은 공간에 있어서는 안 된다. 학생들이 강사를 보며 평가하면 좋은 점수로 평가해야 한다는 압박을 받을 수 있기 때문이다. 강사는 평가 전에 재빨리 사라져야 한다. 그전에 학생에게 강의 평가지를 잘 건네야 한다.

먼저 학급 반장 역할을 잘 할 것 같은 학생을 뽑아서 미션을 부여한다.

이번 학기 우리 반 미션 수행자는 왕욱 씨였다. 그녀에게 학생들이 작성한 평가지를 취합해서 행정실에 제출하도록 했다. 미션을 여러 번 강조하고 너를 믿는다는 눈빛을 보냈다. 아, 성질 급한 몇몇의 학생들은 내가 아직 교실을 나가지 않았는데도 평가를 시작했다. 얼핏 내 눈에 들어온 평가지에는 '아주 좋음'도 아니고 '보통'이 표시되어 있었다.

강사실에서 대기하는 사이 행정실에서 내게 연락이 왔다. 평소보다 수업이 10분 일찍 끝나서 너무 설렜던 탓일까. 믿었던 왕욱 씨가 평가지를 제출하지 않고 홀라당 집에 가 버린 것이다! 그것도 반 전체의 평가지를 들고서. 서둘러 왕욱 씨에게 전화했지만 받지 않았다. 이대로 우리 반 미션이 실패로 끝나게 놔둘 수 없었다. 왕욱 씨가 전화를 받을 때까지 전화하고 또 전화하는 수밖에.

"여보세요? 선생님!"

여러 차례 전화 연락을 시도한 끝에 들려온 그녀의 목소리가 어찌나 반가운지.

"왕욱 씨, 어디예요? 학교로 다시 오세요! 빨리!"

다행히 왕욱 씨는 학교에서 멀리 떨어진 곳에 있지 않았다. 너무 배고파서 강의 평가지를 내는 것을 잊은 채 식당부터 먼저 갔다고 했다. 다시 한국어학당에 돌아온 왕욱 씨는 무사히 우리 반 강의 평가지를 제출했다. 그렇게 이번 학기 우리 반 미션은 성공적으로 끝났다.

학생이 평가지를 제출했다고 곧바로 결과가 강사에게 전달되지는 않는다. 새 학기가 시작되고 몇 주가 지나야 강의 평가 결과가 담긴 이메

일이 온다. 사실 강의 평가 결과를 100% 신뢰하는 것은 아니다. 맥락 없이 다소 기계적으로 집계된 강의 평가 점수가 내 수업의 전부를 평가하기에는 한계가 있기 때문이다. 예를 들어 열심히 수업을 듣는 학생들이 모인 반에서는 강의 평가 점수가 높게 나오지 않는다. 학생들이 평가 항목 하나하나 깐깐하게 작성하였기 때문이다. 반면 공부할 의욕이 없고 조는 학생이 많은 반에서는 놀랍게도 평가 점수가 100점으로 나온다. 집에 빨리 가고 싶은 마음에 모든 평가 항목에 다 '아주 좋음'으로 표시한 것이다. 이러한 사정을 잘 알기에 강의 평가에 일희일비하지 않는다. 강사 대부분 특정 점수대에 몰려 있고 갑자기 현저하게 낮은 점수를 받은 사례는 극히 드물다. 그러다 보니 강의 평가의 객관식 점수보다 주관식 의견이 더 참고하기 좋다.

주관식 의견은 국적별로 일정한 경향이 있다. 일본 학생들은 그동안 쌓여서 말하지 못한 불만이 있으면 평가지 여백이 부족할 정도의 작은 글씨로 빽빽하게 작성한다. 강의실이 너무 추웠다, 선생님이 반 분위기를 제대로 주도하지 못했다 등. 중국 학생들은 대개 큰 불만이 없고 불만이 있어도 평가지에 쓰지 않고 우호적으로 작성한다. 평소 수업 태도가 불량한 학생도 평가지에는 '감사합니다' 이 한마디만 쓰고 끝낸다. 그렇지만 국적보다도 반별로 경향이 뚜렷한 경우가 더 많다. 학생들끼리 서로 친해서 반 분위기가 끈끈하고 자기 의견을 자유롭게 말하는 반일수록 주관식 의견이 가득 채워질 확률이 높다. 주관식 의견이라고 늘 새로운 것은 아니고 매 학기 비슷한 내용이다.

"교실이 너무 추워요. 에어컨 꺼 주세요."

"지각 좀 봐주세요."

수업과 관련된 진지한 피드백이라기보다는 그 외 내용이 많지만 귀여운 의견도 있다.

"잘 가르치십니다. 최고예요."

강의 평가가 수업 진행에 중요하지 않다고 해도 누구나 좋은 점수를 받고 싶어 하는 마음은 같다. 기관에 따라 해당 학기 강의 평가에서 1등을 하면 포상금을 시상하는 곳도 있고 결과가 좋지 않으면 다음 학기 수업 시수를 배정하지 않는 곳도 있다. 학생들에게 강의 평가를 잘해 달라고 말하고 싶어도 함부로 말하기는 어렵다. '잘'이라는 내 의도와 다르게 낯부끄러운 부탁이 되어 공정성에 문제가 생길까 걱정되기 때문이다.

얼마 전 학생들은 강의 평가를 앞두고 기말시험을 치렀다. 학기 말 평가를 받는 건 강사나 학생이나 비슷한데 반응은 사뭇 다르다. 기말시험 기간에 학생들은 갑자기 애교가 많아진다. 어느 날 깜짝 선물로 나에게 빵을 먹으라고 줬다. 평소에는 수업 시간에 간식을 먹으면 안 된다고 해도 혼자 몰래 먹던 학생이었는데…. 어떤 학생이 낸 시험지에는 선생님이 예쁘다는 말 외에는 아무것도 쓰여 있지 않았다. 학생의 애교는 귀여워도 기말시험 평가에는 전혀 영향을 끼치지 않는다. 그 학생의 시험지는 가차 없이 0점으로 처리했다. 한편으로는 학생이 귀여워서 웃음이 났다.

나도 평가에 여유롭게 애교를 부릴 수 있는 날이 올까. 어떠한 점수나 의견이 나와도 하하 호호 할 수 있을까. 좋은 평가만 받고 싶지만 그렇다고 학생들이 귀찮아서 모두 '아주 좋음'을 선택해 강의 평가 점수로 100점을 받는 것을 바라지 않는다. 내가 제대로 잘 가르치고 반 분위기까지 좋아서 완벽했던 수업에 대해 정당하게 좋은 평가를 받고 싶다. 이때 '좋은 평가'는 산술적 점수로만 매겨진 평가가 아닌, 강사와 학생의 열정이 엿보여 절로 미소 짓게 만드는 평가이다. 그런 미소를 짓게 하는 평가를 받을 날을 기대한다.

▼ 초보 탈출 꿀팁　강의 평가에 대처하는 자세

강의 평가에 일희일비는 금물!

- 강의 평가 점수가 곧 내 수업 점수는 아니랍니다. 평가 상황에 따라 점수는 얼마든지 달라질 수 있어요.

점수보다 중요한 것은 평가지를 모두 제출하도록 하는 거예요.

- 강의 평가지를 모을 학생에게 평가지 제출 미션을 잘 전달하세요. 제출하지 않고 그냥 가 버리면 반 전체 강의 평가 점수가 0점이 됩니다.

의연함을 보여 주세요.

- 그동안 최선을 다해 가르쳤다면 자연스레 결과가 나타날 거예요. 이미 지나간 시간은 내가 걱정한다고 바꿀 수 없습니다.

#6

뜨거운
온라인 수업

"여러분 안녕하세요?"

깜깜한 저녁, 어김없이 나는 학생들을 향해 인사한다. 수업은 밤 10시가 다 되도록 계속된다. 강사와 학생들 모두 밤늦은 시간까지 학교에 있는 것 같지만 그게 아니다. 우리는 각자 조용한 방구석에서 노트북과 같은 작은 화면으로 서로를 마주한다. 우리는 각자 다른 곳에서 접속했다. 나는 한국에서, 학생들은 중국에서.

중국 세종학당으로 파견 갈 예정이었던 나는 코로나19 사태로 출국하지 못했다. 강사가 오지 못하면서 세종학당 또한 한동안 수업이 중단되었다. 그런데 며칠 전 세종학당의 운영 방침이 바뀌며 온라인으로 한국어 수업을 개강하게 되었다. 강사는 물론 학생들도 온라인으로 한국어 수업을 해 보는 것은 처음이었다. 오프라인과 비교해 온라인 수업에서 얼마나 한국어를 이해하고 잘 참여할지는 또 다른 걱정이었지만, 걱정할 틈이 없었다. 개강이 우선이다 보니 급하게 다음 날 갑자기 개강하기로 결정되었다.

당장 수업 준비가 급했다. 오프라인 수업이었다면 매 학기 개강하듯 수업을 준비하면 되었다. 그런데 첫 온라인 수업에, 처음으로 만나는 중국 세종학당 학생들이었다. 서둘러 출석부를 받아 이름을 살피고 온라인 수업 자료를 만들기 시작했다. 한국에서는 온라인 모임을 할 때 zoom, webex, 카카오워크 등의 화상 회의 플랫폼을 사용했지만 중국에서는 이 플랫폼들이 모두 열리지 않았다. 학생들은 모두 중국에 있으니 학생들의 접속이 원활한 플랫폼을 사용해야 했다. 그래서 중국 플랫폼인 '텅쉰회의(腾讯会议)'를 사용하게 되었다. 당시 인터넷을 아무리 검색해도 한국어로 된 '텅쉰회의' 사용법은 찾을 수 없었다. 결국 서투른 중국어로 번역기를 돌리며 플랫폼을 직접 익히며 수업을 준비했다.

우여곡절 끝에 열게 된 온라인 수업. 한국이 아닌 중국 시각에 맞춰 수업이 개설되어 평일 저녁에 수업하게 되었다. 매 학기 수업 시간표를 받는 것은 익숙했지만 이번 학기만큼은 수업 시간표를 한참 바라볼 수밖에 없었다. 오랜만에 마주한, 참으로 소중한 개강이었다.

첫 수업을 앞두고 다섯 시간 전, 나는 거울을 보며 수업 시연을 했다. 내가 맡은 학생들이 어떨지 상상하며 시연하니 시간이 금방 갔다. 어느덧 다른 직장인이라면 퇴근 시간이었겠지만 나는 출근 시간이 되었다. 이른 저녁을 먹은 뒤 화장하며 출근 준비를 했다. 때마침 중국 시각에 맞춰 수업 알람이 울렸다. 동시에 학생들이 하나둘 접속하기 시작했다. 순식간에 수업 정원인 20명이 온라인 강의실에 모두 들어왔다.

"여러분 안녕하세요?"

떨리는 마음으로 모니터 속 학생들을 향해 인사했다.

"선생님 안녕하세요!"

저 멀리, 국경을 넘어, 처음 듣는 학생들의 목소리였다. 학생들도 그럴 테지만 나 역시 그동안 매 학기 한국어를 가르쳤어도 온라인으로 학생들을 만나는 것은 처음이었다. 오리엔테이션을 하는 동안 오프라인 수업 때와는 달리 학생들의 반응을 즉각적으로 살필 수 없었다. 특히 학생들이 있는 곳은 인터넷 환경이 좋지 않았다. 웹캠이 없는 학생들도 있었는데 이들의 얼굴이 아무리 궁금해도 내가 마주할 수 있는 것은 새까만 화면과 학생의 이름이 전부였다. 마이크마저 잘 안되는 학생도 있었다. 내가 그 학생에게 아무리 질문해도 돌아오는 대답은 지지직거리는 소리 뿐이었다.

오리엔테이션이 끝나고, 본격적으로 수업을 시작한다. 오늘 수업 주제는 '안부'이다. 수업 주제를 도입하며 학생들에게 질문했다.

"친구를 오랜만에 만났어요. 어떻게 인사해요?"

"……."

아, 질문을 너무 어렵게 했나 보다. 좀 더 쉬운 질문으로 바꾸어 본다.

"처음 만났어요. 뭐 이야기해요?"

그런데도 돌아오는 건 대답이 아니라 적막뿐이다. 내 등 뒤에서 식은

땀이 주르륵 흘렀다. 입이 바짝 마르던 차에 노트북 너머 학생의 목소리가 하나둘 들려오기 시작했다. 한국과 중국의 시차와 거리를 극복하고, 국경과 언어의 장벽을 넘어 소통하는 것이 무척 반가웠다.

수업한 지 얼마 지났을까, 이제는 듣기 활동을 할 시간이었다. 듣기를 하는 동안, 나는 조금 쉴 수 있지 않을까 싶어 잠시나마 한숨을 돌리려고 하니, 학생들이 채팅창으로 말한다.

"선생님, 안 들려요."

서둘러 노트북 음량 등을 다시 살폈다. 아, 소리 공유 버튼을 놓쳤구나. 서둘러 나의 소리를 온라인 참가자들에게 공유하는 버튼을 누르고 듣기 1번 문제를 재생했다. 온라인 수업도 오프라인처럼 잠시라도 긴장을 놓으면 안 되는구나. 내내 긴장하며 수업한 뒤 어느덧 끝날 시간이 되었다.

"여러분 수고했어요. 내일 만나요!"

드디어 첫 수업이 끝났구나! 그런데 화상 회의를 종료하기 직전 누군가 채팅창으로 말한다.

"선생님 미안해요. 오늘 수업 거의 못 알아들었어요."

"저도요." / "+1(저도요)"

아, 이런! 나는 두 시간 동안 노트북을 앞에 두고 혼자 말한 셈이었다. 하늘이 노래지는 것 같았지만 정신을 차려 수습한 뒤 일단 수업을 끝냈다. 수업이 끝나자마자 나는 책상 바로 옆에 있는 침대에 쓰러졌다. 입고 있던 옷은 식은땀으로 푹 젖어 있었다. 온라인 수업이 오프라인보다 힘들 줄이야. 온라인 수업을 한 지 하루 만에 퇴사하고 싶은 마음이 간절해졌다. 학생들에게 하나둘 메시지가 왔다.

"선생님 오늘 문법 모르겠어요."

메시지를 보며 내가 준비한 것을 제대로 다 못 보여줬다는 자괴감과 학생들에 대한 미안함에 눈물이 핑 돌았다. 그런데 학생들은 내 말을 대부분 못 알아들었는데 기특하게도 숙제는 바로 해서 보내 주었다. 처음, 그것도 온라인으로 만난 한국인 강사인 나에게 자기소개까지 정성스레 하면서.

다음날 나는 다시 내 수업을 점검했다. 학생들의 상황에서 생각해야 했다. 온라인으로 하는 외국어 수업인 만큼 이들의 한국어 수준을 고려하여 내가 생각하는 것보다 더 천천히 진행해야 하고, 여러 번 반복해야 한다는 것을 되새겼다. 다행히 그날 이후 학생들은 한국어로 진행되는 내 수업을 이해하고 잘 따라왔다. 첫날 이후 수업을 못 알아들었다고 말하는 학생들은 더 이상 없었다. 며칠 뒤 한 학생이 내게 말했다.

"선생님 오늘 수업 훌륭했어요."

그 말을 듣고, 훈훈한 온기가 온몸으로 퍼져 나갔다. 그동안 온라인 수업을 위해 밤낮없이 준비한 노력을 보상받는 기분이었다. 비록 출국하지 못해 학생들을 직접 만나지 못해도 수업 시간만큼은 내 방이 아닌, 수천 킬로미터 떨어진 중국의 한 교실에 있었다. 나와 학생들은 한국어 수업으로 끈끈하게 연결되어 있었다.

온라인으로 한국어 수업을 하는 것은 강사나 학생이나 결코 쉬운 일이 아니다. 그동안 교실에서는 한국어가 통하지 않을 때 서로를 향한 눈짓과 제스처로 수업했다. 반면 온라인 공간에서는 눈짓과 제스처를 제대로 보기 어렵다. 그런데 익숙하지 않은 방식으로 갑자기 수업하게 되었어도 하루하루 수업이 쌓이며 새로운 것이 보였다. 한국어를 향한 열정이다. 일과가 끝나고 몸이 피곤해도 집에 와서 컴퓨터를 켜서 한국어 수업을 들으려는 열정. 오프라인 수업이 중단되어도, 한국어 공부를 그만두고 싶지 않은 마음. 그래서 온라인 수업은 내내 학생들의 열정으로 뜨거웠다. 온라인 수업을 하며 그 뜨거운 마음을 지켜 주고 싶었다. 그래서 다음 날 나는 저 국경 너머 학생들을 만나기 위해 내 방구석 책상 위 노트북 앞에 앉았다. 그리고 힘차게 인사한다.

"여러분 안녕하세요!"

🖥 초보 탈출 꿀팁　**온라인 수업 시작 5분 전 check check!**

접속 환경과 카메라, 마이크를 꼭 점검하세요.
- WIFI가 잘 터지나요? 인터넷 속도가 적절한가요?
- 접속 환경이 좋지 않으면 카메라에 가로로 검은 줄(플리커 현상)이 나타날 수도 있어요.
- 마이크가 탑재된 이어폰을 사용하면 강사의 목소리를 선명하게 들려 줄 수 있어요.

화면을 공유할 때 소리 공유 버튼을 꼭 누르세요.
- 듣기 문제나 영상을 틀 때 화면의 소리도 공유가 제대로 되어야 해요.

학생들의 카메라나 마이크가 안 될 수도 있어요.
- 이에 대한 대비책을 마련하고 마음의 준비를 해 두세요!

2장

어떻게
가르치면
좋을까요

1

립스틱 짙게 바르고
한글을 가르치는 이유

학생들은 한국어를 모르고 한국어 선생님은 학생 나라의 언어를 알지 못해서 서로 말이 안 통하는데 한글을 어떻게 가르칠까? 아이에게 가르치듯이 한글을 가르치면 되는데 뭐 그리 대수냐는 생각을 할 수도 있다. 대학 부설기관 한국어학당을 비롯한 기관에서 한국어를 배우는 학생들은 대부분 아동이 아니라 성인 학습자이다. 그래서 유아나 어린이를 가르치듯 동요 부르기, 한글 그림에 색칠하기 등은 지양하는 것이 좋다. 이러한 활동은 성인 학생들에게 유치하게 느껴질 수 있기 때문이다. 학생이 성인이면 성인 학습자에게 맞는 교수법으로 한글을 가르쳐야 한다.

나는 한글을 가르치러 강의실에 들어가기 전에 항상 하는 일이 있다. 바로 립스틱을 짙게 바르는 것이다. 학생들에게 예쁘게 보이기 위해서가 아니다. 이날만큼은 입술이 선명하게 보여야 하기 때문이다. 입술이 잘 보여야 오늘 학생들과 함께 '한글'이라는 산을 넘을 수 있다.

한글 산은 모음 → 자음 → 받침의 순서로 넘는다. 자음이나 받침은 반드시 모음이 있어야만 발음이 되기 때문이다. 학생들이 처음 접하는 모음은 'ㅏ, ㅑ, ㅓ, ㅕ, ㅗ, ㅛ, ㅜ, ㅠ, ㅡ, ㅣ'이다. 모음을 쓸 때는 모음 앞에 'ㅇ'를 붙여 쓴다는 것을 각 모음의 획순과 함께 알려 준다. 하지만 한글을 처음 배우는 초급반 학생들은 모음이라는 가파른 산봉우리부터 만나게 된다.

모음 중 학생들이 제일 잘 따라 하는 모음은 'ㅏ'이다. 'ㅏ'는 국적을 가리지 않고 대부분의 언어에서 발음하기 편한 모음이다. 그런데 다음 모음인 'ㅓ'부터 어려워하기 시작한다. 'ㅓ' 발음을 잘하는 학생들도 있지만 일부 학생은 'ㅗ'로 발음하기도 한다. 그래서 'ㅓ'를 가르칠 때는 학생들이 잘 따라 하는 모음인 'ㅏ'와 연관 지어서 설명한다. 'ㅏ'가 입을 100% 벌려 하는 발음이라면 'ㅓ'는 그보다 입을 덜 벌려 발음한다. 즉 'ㅓ'는 70%만 벌려 발음한다. 그리고 학생들에게 입 모양을 잘 보고 따라 할 수 있도록 내 입술을 보라고 한다. 평소 내 얼굴이 주목받는 것을 그리 좋아하지 않는다. 하지만 이때만큼은 나를 보라고 강력하게 말한다. 진한 빨간색의 입술이 움직이며 내는 모음의 입 모양을 볼 수 있기 때문이다. 학생들이 처음에는 부끄러워하며 진한 입술을 쳐다보지 못하다가 곧잘 따라 한다. 몇몇 학생은 자기 입술에 립스틱을 발라서 내 입술 색만큼 진하게 만들기도 한다.

'ㅓ' 다음으로 학생들이 오르기 어려워하는 모음은 'ㅗ'이다. 국어 교과서에 따르면 'ㅗ'는 입술을 동그랗게 오므려 발음하는 모음이다. 그렇지만 다른 언어에는 입술을 오므려 발음하는 모음이 없는 언어도 있다. 그러한 언어를 사용해 온 외국인이 'ㅗ'를 발음하는 것은 쉽지 않다. 'ㅗ'는 입술을 앞으로 내밀어 발음하는 것이 중요하다. 만약 학생이 'ㅗ' 발음이 안 된다면 학생 스스로 눈 아래로 입술이 보일 때까지 입술을 앞으로 내밀도록 한다. 단, 이때 혀가 아랫니에 닿지 않는다. 입술을 쭈욱 내밀라고 하면 학생들끼리 킬킬 웃으면서 서로를 바라본다. 그러다가 내 진한 입술 색을 보고 다시 진지한 표정으로 발음한다.

'ㅓ'와 'ㅗ' 산봉우리를 지나면 이제 'ㅜ'라는 산봉우리가 기다리고 있다. 'ㅗ'와 'ㅜ' 둘 다 입술을 동그랗게 오므려 발음하는 원순 모음이므로 입술 모양에는 차이가 없다. 국어학 이론에서는 혀의 높이에 따라 'ㅗ'는 중모음, 'ㅜ'는 고모음으로 구분한다. 하지만 한국 사람 중에서도 혀의 높이로 'ㅗ'와 'ㅜ'를 구별해서 발음할 수 있는 사람이 드물 텐데 외국인 학생들은 오죽할까. 이때는 내 입술 대신 턱을 주목하라고 한다. 입술에 비해 턱은 움직임을 쉽게 관찰할 수 있다. 'ㅜ'를 발음할 때는 턱이 올라간다. 반면 'ㅗ'를 발음할 때는 턱이 내려간다. 학생에게도 각 발음 간 혀의 높이보다는 턱의 높이를 시각적으로 확인하는 게 더 쉬울 것이다. 즉 'ㅗ'와 'ㅜ'를 발음하면 턱이 내려갔다가 올라가는 것을 확인할 수 있다. 'ㅗ'와 'ㅜ'가 결합한 단어(예: 고구마)를 발음하면 더 명확해진다.

그 다음에 나오는 자음 산봉우리를 넘는 것도 만만치 않다. 'ㅂ', 'ㅃ', 'ㅍ'를 구분하여 발음하는 것도 쉽지 않기 때문이다. 이때는 휴지 한 장이 필요하다. 입 앞에 휴지를 대고 'ㅂ', 'ㅃ', 'ㅍ'를 차례대로 발음한다. 자음 'ㅂ', 'ㅃ', 'ㅍ'에 모음을 결합해서 '바', '빠', '파' 혹은 '브', '쁘', '프'로 발음할 수 있다. 이때 휴지가 날리는 모습을 통해 'ㅃ'의 바람 세기가 가장 적고 'ㅍ'의 바람 세기가 큼을 보여 준다. 학생도 휴지를 꺼내서 직접 발음하거나 손바닥을 대고 발음하기도 한다. 학생이 어느 정도 구분하여 자음을 발음하면 기본 자모음 산봉우리는 넘은 셈이다. 기본 자모음 산봉우리 수업을 하고 강의실을 나오면서 휴지로 입술에 바른 립스틱을 지운다.

기본 자모음 산봉우리를 넘으면 한글 산을 다 넘은 것 같지만 그렇지 않다. 이중모음, 받침, 겹받침, 연음 산봉우리가 기다리고 있다. 일주일에 한 번 두 시간씩 한국어를 배운다면 한글 산을 넘는 데 약 한 달이 소요된다. 그만큼 한글이라는 산은 거대하다. 하지만 한국어를 배우기 위해서는 꼭 넘어야 하는 산이다. 힘들겠지만 이때 혼자가 아니라는 것을 학생이 기억해 줬으면 하는 마음에서 입술을 진하게 바른다. 한글 산을 넘는 학생을 응원하는 마음으로 오늘도 립스틱 짙게 바르고 한글을 가르친다.

초보 탈출 꿀팁 ＞ **한글을 쉽게 가르치는 법**

립스틱을 짙게 바르면 한글을 발음할 때 입 모양을 선명하게 보여 줄 수 있어요.

- 'ㅏ'는 입을 100%, 'ㅓ'는 70%만 벌려 발음해요.
- 'ㅜ'는 발음할 때 턱이 올라가는 반면 'ㅗ'는 내려가요.
- 휴지를 이용하면 'ㅃ'는 발음할 때 바람이 가장 적게 나고 'ㅍ'는 가장 크게 나는 것을 보여 줄 수 있어요.

#2

그녀는
물음표 요정

"수업은 여기까지예요. 이제 쉬세요."

이 말을 남기고 나는 서둘러 교실에서 사라진다. 수업이 끝나고 쉬는 시간이 되면 한때 나는 도망가기 바빴다. 우리 반 르엉 씨 때문이다. 그녀는 수업 시간이나 쉬는 시간이나 한국어 단어들을 질문하기 바빴다. 그녀의 단골 질문은 뜻이 비슷한 단어들의 차이에 대한 것이다.

"선생님, '주최하다'와 '개최하다'가 뭐가 달라요?"

"선생님, '결합하다'와 '조합하다'는요?"

"선생님, '지루하다', '지겹다'?"

"선생님~"

그녀의 질문은 하나같이 까다로웠다. 그래서 그녀가 나를 부를 때마다 긴장하며 도망갈 기회를 살폈다. 그녀는 유독 다른 강사가 아닌 나에게 질문했다. 사실 참 고마운 일이다. 내가 그녀의 담임 선생님이라는 이유도 있겠지만 그만큼 나의 답변을 신뢰하기에 그런 게 아닐까? 르엉 씨는 한국어 단어 하나하나를 예민하게 받아들였다. 그런 그녀 덕분에 한국어에 이렇게 비슷하면서도 미묘하게 다른 뜻의 단어들이 많다는 것을 알게 되었다.

그런데 그녀의 질문은 제아무리 한국어 원어민이라고 해도 쉽게 대답할 수 없었다. 단어 질문이라고 국어사전의 뜻풀이를 그대로 읽어 줄 수 없었기 때문이다. 그녀의 질문 중 하나를 살펴보자. '주최하다'와 '개최하다'는 어떻게 다를까? 우선 두 단어의 사전 뜻풀이는 이렇다.

- 주최하다: 행사나 모임을 주장하고 기획하여 열다.
- 개최하다: 모임이나 회의 따위를 주최하여 열다.

　　　　　　　　　　　　　　－〈표준국어대사전〉'주최하다'와 '개최하다'

사전에서도 뜻풀이가 비슷하여 더욱 알쏭달쏭하다. 그러니 사전의 뜻풀이를 읽어 주는 것만으로는 그녀를 납득시킬 수 없다. 그녀는 외국어로서 한국어를 배운다. 그러니 최대한 쉽게 설명하여 두 단어의 차이를 이해시켜야 한다. 이때 필요한 것은 적절한 예문이다. 두 단어를 활용한 예문을 통해 의미 차이를 이해할 수 있다. 하나의 예문만으로 부족하다고 느껴지면 다른 예문도 덧붙인다. 또한 너무 어려운 예문을 제시하면 곤란하다. 그녀의 한국어 수준을 고려하여 쉽고 적절한 예문을 제시해

야 한다.

2022년 월드컵은 FIFA가 <u>주최해요</u>. 그리고 카타르에서 <u>개최해요</u>.

2020년 올림픽은 IOC가 <u>주최해요</u>. 그리고 도쿄에서 <u>개최해요</u>.

예문을 통해 '주최하다'는 행사를 여는 주체가 강조되고, '개최하다'는 행사를 여는 장소가 강조되는 것을 알 수 있다. 그러면 그녀가 '주최하다'와 '개최하다'의 차이를 이해했다면서 고개를 끄덕인다. 어휴, 이번에도 이렇게 잘 넘어갔구나, 참 다행이다. 그러자 그녀가 곧바로 다른 것을 질문한다.

"선생님, '참석하다', '참가하다', '참여하다' 뭐가 달라요?"

하하, 이번에는 쓰리 콤보다. 이럴 때는 해당 단어가 쓰이는 대표적인 예문을 들어 주는 것도 한 방법이다.

지난 주말에는 친구의 결혼식에 <u>참석했다</u>. / 이번 토론회에 꼭 <u>참석해</u> 주세요.

주말에 마라톤 대회에 <u>참가할</u> 것이다.

이번 프로젝트에 <u>참여하게</u> 되어 영광입니다.

'참석하다'는 구체적인 장소의 자리에 직접 몸이 나가 있는 상황에서 쓰인다. '참가하다'는 마라톤 대회에서 뛰는 것처럼 모임이나 단체에서 어떠한 역할을 할 때 쓰인다. '참여하다'는 작업을 같이 하는 것처럼 '참가하다'보다 더 적극적인 역할을 할 때 사용된다.

내 설명을 듣고 그녀는 오색 형광펜을 사용하여 공책에 정리한다. 그녀의 공책은 오색 형광펜으로 가득 칠해져 있고 단어를 외운 흔적이 빼곡했다. 그동안 내게 한국어 단어와 관련하여 많은 물음표를 던지며 질문했던 모습이 스쳐 지나갔다. 그런데 틈틈이 단어를 질문하며 빈틈없이 단어장을 정리하는 그녀가 틈이 보인 순간이 있었다. 하루는 수업 시간에 한 학생이 급한 얼굴로 손을 들고 말했다.

"선생님, 똥⋯."

'화장실'이라는 말 대신 단어를 직설적으로 말하길래 그 학생이 너무 급한가 보다 생각했다. 학생이 화장실을 다녀오는 사이 다른 학생들에게 '똥' 다음에는 어떤 표현이 나올지 추측해 보라고 했다. 한국 사람은 그 표현을 알고 있다. 바로 '마렵다'이다. 한국 사람은 한국어를 모국어로 말하고 성장하며 자연스럽게 이 표현을 습득한다. 하지만 한국어를 외국어로 배우는 외국 사람들은 이를 알기 쉽지 않다. 똥과 오줌은 더러워서 금기시된 탓에 한국어 교재에서는 좀처럼 찾아보기 힘든 표현이기 때문이다.

학생들은 '똥' 다음에 어떤 표현이 나올지 고민에 빠졌다. 그런데 교실 저편에서 르엉 씨가 골똘하게 생각한 끝에 이렇게 말한다.

"선생님! 똥이 나요!"

그럴 듯한 대답이었다. 지난 시간에 배운 표현인 '땀이 나다'에서 착안해서 생각해 낸 것 같았다. 나는 그녀가 귀여워서 웃고 말았다.

르엉 씨는 강사인 나를 종종 힘들게 하지만 참 기특한 학생이다. 내가 한국어를 가르치는 보람을 느끼게 하고 나아가 한국어 강사로서 더욱 성장하게 만들기 때문이다. 르엉 씨 덕분에 뜻이 비슷한 한국어 단어를 외국인 학생에게 어떻게 구별시킬지 고민하며 여러 예문을 만들었다. 르엉 씨처럼 한국어를 열심히 공부하며 질문을 쏟아내는 학생을 만나면 이제는 도망가지 않고 즐기게 된다. 앞으로도 르엉 씨와 같은 학생들을 많이 만날 생각에 설렌다.

"르엉 씨, 나 이제 도망 안 갈게요."

초보 탈출 꿀팁 ▸ 뜻이 비슷한 단어들을 구분하는 법

예문을 통해 뜻이 비슷한 단어들 간 차이를 구분해요.

해당 단어가 쓰이는 대표적인 예문을 들어 주세요.

⚠ 한 문장보다는 질문과 대답으로 구성해 보세요. 단어 간 차이가 명확해져요.

(예) 어느 vs 무슨 vs 어떤

① 질문: <u>어느</u> 영화를 좋아해요?

대답: 저는 왼쪽에 있는, 이 영화를 좋아해요.

> 여러 개의 영화가 나열되어 있고, 그 영화들 중 한 개를 고를 때

② 질문: <u>무슨</u> 영화를 좋아해요?

대답: 저는 로맨스 영화를 좋아해요.

> 명사 중 하위 부류에 속한 것(로맨스, 액션, 공포, 판타지 등)을 구체적으로 질문할 때

③ 질문: <u>어떤</u> 영화를 좋아해요?

대답: 저는 재미있는 영화를 좋아해요.

> '재미있는, 무서운' 등 명사를 꾸미는 형용사 형태(관형형)로 답할 때

#3

문법 교육:
국내 vs 해외

　문법 교육은 한국어교육의 꽃이다. 학생이 문법을 얼마나 잘 이해하고 활용하느냐에 따라 한국어 급수가 결정된다. 또 강사 채용 면접을 볼 때도 면접관들 앞에서 단어보다도 문법을 시강한다. 그만큼 한국어교육에서 문법이 중요하다. 이렇게 교육을 시키는 사람은 문법을 중요하게 생각하는데 학생은 어떨까? 단어나 활동 수업 때는 활발하게 이야기하다가 문법만 배우면 하품하는 학생들이 있다. 어떠한 언어를 배우든지 문법은 딱딱하고 까다롭게 느껴진다. 그래서 학생들의 그런 모습이 이해되면서도 이왕이면 조금이라도 더 쉽고 재미있게 가르치고자 늘 고민한다.

　문법 교육은 '의미 제시 → 형태 연습 → 활용 연습'과 같은 순서로 전개된다. 그런데 동일한 문법을 가르치더라도 국내 한국어학당과 해외 세종학당 학생들의 반응이 달랐다. 국내 학생들은 '문법 의미'를 이해하는 데 심혈을 기울였다. 반면 해외 학생들은 '형태 연습'을 중요시했다. 그러다 보니 국내에서 가르칠 때와 해외에서 가르칠 때 강조하는 부분이 달라졌다.

예를 들어, 과거를 나타내는 '-았/었-'이다. 한국어로만 수업하는 국내에서는 학생들이 아직 '과거'라는 단어를 모른다. 그럼 어떻게 '-았/었-'의 의미를 설명해야 할까? 그때쯤 초급 학생들은 '과거'를 몰라도 '오늘', '어제', 날짜 표현은 이미 알고 있다. 이 표현을 활용하여 '-았/었-'의 의미를 설명한다.

"오늘, 12월 12일. 어제, 12월 11일."

이처럼 '오늘'이 아닌, '어제', 즉 과거를 이야기할 것임을 인식시킨다. 그다음은 현재와 과거 시제의 차이를 보여 주어야 한다.

"오늘 밥을 먹어요. 어제 밥을 먹어요. 아니요, 먹었어요."

동사 '먹다'는 '오늘'과 같은 현재에는 '먹어요'로 활용되지만 '어제'와 같은 과거에는 '먹었어요'로 활용됨을 보여 준다. 이렇게 의미 설명을 하고 난 뒤 형태 연습을 간단히 한다. 강사가 '가다'를 제시하면 학생은 '갔어요'라고 답한다. 마찬가지로 '쉬다'를 제시하면 '쉬었어요'로 대답한다.

국내 학생들은 대부분 형태 연습을 수월하게 한다. 매일 공부하며 한국어의 활용 형태에 어느 정도 익숙해졌기 때문이다. 문법의 의미는 잘 몰라도 형태는 곧잘 활용하는 학생도 많다. 그래서 국내에서 가르칠 때는 문법의 형태보다 의미 교육을 강조한다. 의미를 제대로 알아야 적절한 상황에서 문법을 사용할 수 있다. 또 형태는 혼자서도 충분히 연습할 수 있다.

반면 해외에서는 문법의 의미를 가르치는 것이 어렵지 않다. 그 나라의 언어로 '-았/었-'은 과거를 나타낼 때 쓰인다고 하면 설명 끝이다. 이 학생들은 오히려 문법의 형태를 헷갈려 한다. '먹다'는 '먹었어요'로 쉽게 답하지만 '가다'는 '갔어요'로 답하기까지 조금 시간이 걸린다. 또 '보다'는 바로 '봤어요'로 답하기보다 '보았어요'를 거쳐 겨우 '봤어요'로 답한다. 'ㅡ' 불규칙인 '쓰다'는 '썼어요'로 나오지 않고 '쓰었어요'와 같이 오류를 만들어 낸다. 학생들의 반응을 고려하여 시행착오를 거치니 국내보다 형태 연습에 더 많은 시간을 배분하게 되었다.

'-았/었-'의 활용 형태는 이렇다. 앞에 오는 동사와 형용사의 모음(기본형 '다'를 뺀 마지막 모음)이 'ㅏ' 혹은 'ㅗ'이면 '-았-'을 쓴다. 'ㅏ'나 'ㅗ'가 아닌 다른 모음('ㅓ', 'ㅜ', 'ㅟ', 'ㅣ', 'ㅐ', 'ㅕ' 등)이면 '-었-'을 쓴다. 단, '하다'로 끝나는 동사와 형용사는 '했다'로 쓴다. 정신없이 문법을 설명하다 보면 수업 시간이 금방 지나간다. '-았/었-'을 가르친 다음 날 학생들의 숙제를 검사하며 과거 시제를 올바르게 썼는지 점검한다. 그때 한 학생이 내게 다가와 배시시 미소 지으며 말한다.

"선생님, 저는 어제 한국어 공부했어요."

문법을 가르칠 때 국내에서는 의미를, 해외에서는 형태를 강조한다. 그러나 어디서든 하나로 통하는 게 있다면 바로 문법 공부에 대한 열정이다. 까다로운 문법이어도 어떻게든 정복하고야 말겠다는 열정. 국내 학생이나 해외 학생이나 '-았/었-'을 배우고 나면 공통적으로 발생하는 증상이 있다. 바로 문장에 과거 시제를 남발하는 것이다.

"저의 취미는 수영했어요. 고향에서 자주 했어요."

학생들의 귀여운 실수에 이렇게 대답하고 싶다.

"저의 취미는 수영했어요? 아니요, 저의 취미는 수영이에요. 그리고 우리는 어제 '-았/었-'을 공부했어요. '-았/었-'은 과거에만 쓰세요. 제발~"

문법 가르치기: 국내 vs 해외

교안 엿보기 📋 목표 문법: - 았/었 -

국내: 의미를 이해시키는 게 중요해요.

🔔 문법 의미: 동사와 형용사 뒤에 붙어서 과거를 나타냄.

　▶ 현재 시제와 달리 '어제', '지난주' 등 과거에 쓰인다는 것을 꼭 이해시켜 주세요.

해외: 형태를 짚어 주는 게 중요해요.

🔔 문법 형태:

- '-았/었-' 앞에 오는 동사와 형용사의 모음(기본형 '다'를 뺀 마지막 모음)이 'ㅏ' 혹은 'ㅗ'이면 '-았-'을 쓰고, 'ㅏ'나 'ㅗ'가 아닌 다른 모음('ㅓ', 'ㅜ', 'ㅟ', 'ㅣ', 'ㅐ', 'ㅕ' 등)이면 '-었-'을 쓴다. 단, '하다'로 끝나는 동사와 형용사는 '했다'로 씀.

　▶ '쓰다'와 같은 'ㅡ' 불규칙을 어려워하면 우선 '좋다', '많다', '먹다', '쉬다' 등 규칙 동사/형용사부터 제시해 주세요.

ㅏ, ㅗ	-았어요	ㅏ, ㅗ	-었어요	-하다	-했어요
가다	갔어요	먹다	먹었어요	일하다	일했어요
만나다	만났어요	쉬다	쉬었어요	공부하다	공부했어요
많다	많았어요	재미있다	재미있었어요	시원하다	시원했어요
좋다	좋았어요	어렵다	어려웠어요	편리하다	편리했어요

# #
4

유사 문법의
늪

한국어 교재는 학습 목적과 레벨, 출판사에 따라 내용이 각양각색이다. 그런데 한국어 고급 교재에 주로 나오는 내용이 있다. 바로 '창녕 우포늪'을 소개하는 글이다. 창녕 우포늪은 한국 최대 규모의 자연 습지로서 국내에서 몇 안 되는 유네스코 세계 자연유산 후보 중 하나로 유명하기 때문이다. 한국어 고급반 학생들과 우포늪을 이야기할 때면 사실 한국어 수업에도 초급 단계에서부터 늪이 있다는 생각이 강하게 든다.

우포늪의 갈대가 한창 자랄 가을, 한 초급반을 가르친 적이 있다. 수업이 끝나고 학생들을 보낸 뒤 교실 정리를 하며 칠판을 지우고 있었다. 집에 간 줄 알았던 아이 씨가 조심스레 칠판 앞에 다가와 섰다.

"선생님, 질문이 있어요."

부끄러움이 많은 아이 씨가 질문을 하려고 학생들이 교실을 다 나갈 때까지 나를 기다린 것이다.

"부산에 가 봤어요. 부산에 간 적이 있어요. 뭐가 달라요?"

그렇다. 이번에도 유사 문법이었다. 아이 씨가 깊은 늪으로 같이 들어가자고 한다.

한국어 단어를 가르칠 때 학생들에게 유의어들을 구분시켜 주는 게 상당히 골치 아팠는데 문법을 가르칠 때도 그랬다. 의미가 유사한 문법들을 구분시켜 주다 보면 나는 어느덧 늪에 빠지고 만다. '유사 문법의 늪'이다.

한국어가 원어민인 한국 사람에게는 의미가 유사한 문법들이 큰 문제가 되지 않는다. 이러한 유사 문법들은 원어민의 '감(感)'으로 구분해서 사용하기 때문이다. 그래서 외국인 학생들에게 유사 문법의 차이를 설명하기가 참 까다롭다. 피할 수 있다면 유사 문법의 늪에 빠지고 싶지 않았다. 한 번 설명하기 시작하면 여러 예문을 사용하고 거듭 설명해야 비로소 유사 문법의 늪에서 빠져나올 수 있기 때문이다.

아이 씨가 질문한 문법인 '-아/어 보다'와 '-(으)ㄴ 적이 있다'는 모두 '경험'을 나타낸다. 예를 들어, '부산에 가 봤어요'와 '부산에 간 적이 있어요'는 모두 부산에 간 경험을 이야기하는 것이다. 얼핏 보기에 두 문법은 차이가 없어 보인다.

그러나 부정적인 경험을 이야기할 때 두 문법은 차이가 있다. '-(으)ㄴ 적이 있다'는 부정적 경험을 나타낼 때도 사용할 수 있지만 '-아/어 보다'

는 부정적 경험을 나타낼 때 사용하면 어색하다. 예를 들어 '저는 휴대폰을 잃어버린 적이 있어요.'라고는 할 수 있지만 '저는 휴대폰을 잃어버려 봤어요.'라고 하면 어색하다.

또한 동사 '보다'와의 호응 여부도 차이가 난다. '-(으)ㄴ 적이 있다'는 동사 '보다'와 호응하여 '저는 한국 영화를 본 적이 있어요.'라고 쓸 수 있지만 '-아/어 보다'는 '저는 한국 영화를 봐 봤어요.'처럼 동사 '보다'와 호응하는 것이 어색하다.

아이 씨에게 '-아/어 보다'와 '-(으)ㄴ 적이 있다'의 차이에 대해 한참을 설명하자, 나도 모르게 유사 문법의 늪에서 빠져 나와 있었다. 다 아는 내용이라도 학생을 이끌면서 어떻게 늪을 벗어날까 하는 생각에 두려웠지만 학생과 함께 으쌰으쌰 늪을 나오고 나면 별것 아니다.

초보 강사 시절 나는 수업이 끝나고 유사 문법과 관련한 질문을 받기 싫어서 서둘러 도망치기 바빴다. 그러나 몇 학기를 지나면서 학생들의 질문이 비슷하다는 것을 깨달았다. 그날 아이 씨의 질문도 다른 학생들이 물어본 적 있는 문법이었다. 유사 문법의 늪이 펼쳐졌지만 처음 빠져 본 늪이 아니기에 나는 빠져나올 준비가 되어 있었다.

한국어 강사는 수업 시간에 새로운 문법을 가르치는 것도 중요하지만 유사 문법을 한국어로 구별시켜 주는 것도 매우 중요하다. 특히 오늘 배울 문법이 기존에 배운 문법과 의미가 유사하다면 더욱 그렇다.

유사 문법을 구분하기는 매우 까다로운 일이기에 강사 채용을 위해 시범 강의를 하거나 면접을 볼 때도 유사 문법과 관련한 질문이 꼭 나온다. 의미가 유사한 문법 간 차이를 잘 알고 학생들에게 명확하게 전달할 수 있느냐가 곧 한국어 강사의 전문성인 셈이다.

수업하다 보면 언제든지 유사 문법의 늪이 눈앞에 펼쳐질 수 있다. 심지어 그 늪은 한두 군데도 아니고 초급, 중급, 고급 단계에 이르기까지 참 깊고 넓다. 예전에는 왜 이런 늪이 생겨서 한국어 강사를 괴롭게 하는 걸까 투덜거렸다.

자연 속 늪은 어떨까?

늪은 '생태계의 보고'라고 불릴 정도로 귀한 자원이다. 늪에 사는 생물들에게 각종 영양분을 공급하고 오염 물질을 제거하는 등 여러 기능을 하기 때문이다. 한국어 수업에서 유사 문법의 늪도 사실 굉장히 이로운 점이 많다. 비록 처음에는 가르치기 어려워서 힘이 들지만 강사에게 문법 지식을 쌓게 하여 전문성을 길러 준다. 또한 늪을 통해 문법을 아주 잘 알고 있다는 자만에서 벗어나고 새로운 시각으로 한국어 문법을 바라볼 수 있다.

유사 문법의 늪은 한국어 강사라면 꼭 마주해야 할 늪이다. 한 번 빠지면 헤어 나오는 데 애를 먹어도 늪으로부터 제대로 빠져나온 사람만이 빛나는 전문성을 지닐 수 있다. 그러니 이 늪을 만났다고 피하거나 좌절하기보다는 감사하며 즐기자.

자, 오늘도 내가 마주할 새로운 늪에 설렌다.

초보 탈출 꿀팁　의미가 유사한 문법(유사 문법)을 구분하는 법

긍정적 예문 외에도 부정적 예문을 활용해 보세요.

🔔 (예) -(으)ㄹ 줄 알다/모르다 & -(으)ㄹ 수 있다/없다

- 저는 운전할 줄 알아요. vs 저는 운전할 수 있어요.

  '능력'을 나타내는 두 문법은 긍정적 예문으로는 구분하기 쉽지 않습니다.
  그때 부정적 예문을 활용해 보세요.

  ▶ ① 저는 운전할 줄 몰라요. vs ② 저는 운전할 수 없어요.

  ① : 운전 능력이 전혀 없음.

  ② : 운전 능력이 있을 수 있지만 운전할 수 없는 상황(술을 마셨거나 팔을 다쳐서 운전할 수 없는 경우)을 의미할 수도 있음.

열 번 찍어
안 외워지는 한국어는 없다

이번에는 외국인 근로자센터에서 가르친 이야기를 해 보려고 한다. 이곳에서의 수업은 한국어학당의 수업과 사뭇 다르다. 수업을 듣는 이들은 본업이 학생이 아니라 직장인이다. 그래서 한국어학당 학생들과 달리 공부할 시간이 충분하지 않다. 수업 시간 외에 예습, 복습할 시간을 따로 내기도 쉽지 않다. 또 수업 시간도 현저히 적다. 한국어학당 학생들은 주 5일 하루 4시간씩 총 20시간의 수업을 듣는다. 반면 외국인 근로자센터 학생들은 일주일에 하루, 그것도 2시간밖에 수업을 듣지 못한다.

그러다 보니 학생들은 지난주에 배운 단어와 문법을 금방 까먹었다. 수업마다 일부러 복습 시간을 10분 이상 가졌는데 그때마다 학생들은 마치 새로운 단어나 문법을 배우는 듯한 표정을 지었다. 학생들이 수업 내용을 더 잘 기억할 수 있도록 특별한 조치가 필요했다. 수업 진도를 나가는 것도 중요하지만 학생들이 수업 내용을 최대한 많이 기억하도록 도와주는 것도 중요하기 때문이다.

이때 한국어학당에서 취하는 조치는 매주 쪽지 시험을 보는 것이다. 그렇지만 외국인 근로자센터에서 매주 쪽지 시험을 보면 학생들이 너무 괴로워할 것 같았다. 가뜩이나 일하느라 공부할 시간이 부족한 이들인데 공부 시간을 억지로 늘리라고 강요하면 학습 동기를 높이기는커녕 스트레스를 줄 게 뻔했다. 이들에게 필요한 것은 제한된 수업 시간 안에 효율적으로 학습하고 최대한 오래 기억할 수 있도록 돕는 방식이었다.

이를 위해서 학생들과 배운 내용을 반복하고 또 반복했다. 수업 시작 후 10분간 지난주 배운 내용을 복습하는 것은 물론 수업이 끝나기 10분 전에도 그날 배운 내용을 다시 한번 정리했다. 단어와 문법을 여러 번 확인하면서 다른 예문으로 바꾸어 제시하고 학생들 스스로 예문을 만들게 했다.

이러한 무한 반복법에는 책을 보며 가르치는 방법만 있는 게 아니다. 예를 들어 학생들이 몸으로 반응하며 학습하도록 가르치는 방법인 '전신 반응 교수법'도 있다. 교사의 명령이나 지시에 학습자가 신체적으로 반응함으로써 언어를 가르치는 것이다.

전신 반응 교수법은 한글을 가르칠 때부터 적용할 수 있다. 자음, 모음의 발음과 형태에 익숙해지는 것이 목표인 한글 교육의 특성상 쌍방향의 의사소통 수업을 진행하기 힘들다. 반복적으로 따라 하고 여러 번 써

보도록 지도할 수밖에 없다. 계속 따라 하기만 진행하면 재미가 없다거나 한글을 따라 쓰는 게 팔이 아프다고 불평하는 학생들이 학기마다 나온다. 특히 평소 쓰기를 싫어하는 학생일수록 한글 쓰기 연습을 더욱더 하기 싫어했다.

그래서 허공을 빈 도화지 삼아 팔을 움직여 한글을 쓰는 방법을 적극적으로 활용하기 시작했다. 모음을 배울 때는 손을 뻗어 허공에 써 보도록 했다. 예를 들어 'ㅏ'를 배울 때 학생들은 '아'라고 발음하면서 허공에 'ㅏ'를 썼다. 그보다 더 크게 'ㅏ'를 표현하고 싶으면 오른쪽으로 번쩍 팔을 뻗기도 했다. 또한 마무리로 옆 친구가 허공에 쓴 모음을 맞추는 짝 활동을 했다. 이처럼 종이 한 칸에 한글을 작게 쓰는 것보다 허공에 크게 쓰면 조금이라도 더 잘 기억하는 것 같았다.

몸 전체를 움직이지는 않더라도 간단한 동작을 활용하여 단어를 배우는 방법도 있다. 예를 들어 '위치'와 관련한 단어 수업은 재미난 짝 활동을 하는 시간이다. '위, 아래, 앞, 뒤, 옆, 안, 밖'의 단어를 나타내기 위해 단어 카드 외에도 필통, 지우개 등 교실에서 쓰는 물건을 사용하도록 지도한다. 그러면 학생은 짝과 함께 필통을 기준으로 지우개의 위치가 어디에 있는지 묻고 답한다.

한 명은 지우개를 필통 근처에 놓으며 질문한다. 지우개의 위치는 고정되어 있지 않고 이리저리 옮기며 질문할 수 있다.

"지우개가 어디에 있어요?"

"지우개는 필통 위에 있어요." / "지우개는 필통 옆에 있어요."

다른 한 명은 지우개의 바뀐 위치를 보며 대답한다. 짝 활동을 처음 시켰을 때는 '위, 아래, 앞, 뒤'만 물어보도록 유도했다. 그런데 학생들은 재미있었는지 시간 가는 줄 모르고 활동에 빠져들었다. 지우개를 필통 안에 넣기도 하고 필통을 하나 더 가져와 두 필통 사이에 지우개를 놓는 등 자발적으로 배운 단어 이상의 위치를 묻도록 활동을 발전시켰다. 장난기가 많은 학생은 지우개를 숨겨서 짝이 대답하기 곤란하게 만들기도 했다.

주제가 한글이나 사물의 위치와 관련된 수업은 주로 정형화된 연습으로 이루어져 자칫 딱딱하게 느껴질 수 있다. 학생들이 딱딱함에서 벗어나 수업 내용을 조금이라도 더 오래 기억했으면 하는 바람에서 동작을 활용하여 수업을 진행하기 시작했다. 수업 방식에 변화를 준 효과가 있었던 것일까? 복습 시간 중 수업 내용을 물어보는 질문에 하나둘 대답하기 시작했다. 학생들이 수업 내용을 잘 기억하고 있었다. 수업 참여도는 물론 수업 내용 이해도도 높아졌다. 열 번 찍어 아니 넘어가는 나무 없듯이 열 번 찍어 안 외워지는 한국어는 없었다!

외국인 근로자 학생들은 퇴근 후 또는 주말에 피곤한 몸을 이끌고 센터에 온다. 타지에서 일하는 것에서 나아가 한국어 공부까지 하려면 분명 힘들 것이다. 그런데도 어떻게든 졸음을 참으며 하나라도 더 배우고 기억하고 싶은 마음에 온몸으로 공부한다. 어쩌면 이들은 한국에서 단 하루도 헛되이 보내지 않고 고군분투하며 삶을 살아가고 있을 것이다. 온몸 다하여 하루하루 사는 이들을 나 역시 온몸으로 응원하고 싶다.

잦은 시험은 학습 동기 부여가 아닌 역효과를 부를 수 있어요.

- 일과 공부를 병행하는 학생들의 상황을 이해해 주세요.

교육 현장이나 학생에 따라 다양한 교수법을 사용해 보세요.

- 문법 번역식 교수법: 문법 규칙의 설명과 원서 번역에 중점을 두는 전통적 교수법
- 직접 교수법: 학생의 모국어를 사용하지 않고 목표 언어로만 직접 의사소통하는 교수법
- 청각 구두식 교수법: 모방, 반복, 암기를 통하여 구두 표현 중심의 문형을 익히도록 하는 교수법
- 전신 반응 교수법: 교사의 명령이나 지시에 학습자가 신체적으로 반응하도록 하는 교수법
- 의사소통 중심 교수법: 정확성보다 유창성에 초점을 맞춰 역할 놀이, 과제 활동 등을 통해 의사소통 능력을 향상시키게 하는 교수법

— 서울대학교 국어교육연구소(2014), 『한국어 교육학 사전』

#6

듣기 수업의
마법

"다음을 잘 듣고 맞는 것을 고르세요."

학생들에게 문법과 단어를 가르치고 나면 이제 듣기 수업에 들어갈 차례이다. 내가 듣기 파일을 재생하자 하하 호호 웃고 있던 학생들이 바짝 긴장한다. 교실에는 듣기 문제 속 화자의 음성만 가득했다.

"길을 건너서 왼쪽으로 오세요. 한국아파트를 지나서 200미터쯤 오세요. 그러면 세종아파트 5동이 있어요."

듣기 수업은 단어, 문법, 말하기, 읽기, 쓰기 등 다른 영역의 수업보다 유독 효과적으로 운영하기가 힘들다. 단지 듣기 파일을 재생하고 끄는 것, 문제를 설명하고 정답을 확인하는 과정이 어려워서가 아니다. 생기 있던 학생들이 듣기 파일만 재생하면 얼마 지나지 않아 스르르 잠에 빠지기 때문이다. 평상시 수업 때는 졸지 않고 눈을 반짝이던 학생도 듣기 시간만 되면 몽롱해지는 것을 보면 기가 막힌다. 마치 듣기 수업 시간만 되면 누군가 마법을 부린 것 같았다.

듣기 문제가 학생들에게 자장가처럼 들리는 이유는 무엇일까. 물론 심장이 두근거릴 정도로 문제가 재미있는 내용으로만 이루어진 것은 아니다. 그렇다고 금방 잠이 들 정도로 지루한 내용으로만 이루어진 것도 아니다. 실제 친구들과 하는 대화가 아니어서 그런 것일까. 문제 속 성우가 기계적인 음성으로 녹음한 것도 아니다. 일상에서 하는 대화처럼 깜짝 놀라 크게 소리치는 부분도 있고 문이 열리는 효과음이 나오는 부분도 있어서 제법 실감 나게 들린다.

그렇다면 무엇이 학생들을 그리 지루하게 만드는 걸까. 수업 시간에 활발하게 대답하다가 듣기 문제만 나오면 입을 다물고 조용해지는 학생들을 보며 문득 깨달았다. 듣기는 학생들에게 쌍방향 활동이 아닌, 일방향 의사소통에 불과했다. 그저 귀로만 듣고 아무 말도 하지 않는다면 듣기 내용만 주입되고 그 내용과 관련된 자기 의견은 제대로 표현하기 힘들었다. 의사소통이 단조로우니 당연히 지루해할 수밖에 없었다.

듣기 문제의 지루함이 의사소통 방식 때문일 것이라는 깨달음을 얻은 뒤로는 듣기 수업을 최대한 쌍방향 활동에 가깝게 구성했다. 문제를 한 번 듣고 정답만 확인하는 것으로 끝나지 않았다. 듣기 전, 듣기 중, 듣기 후에도 학생들에게 내용과 관련한 질문을 하여 자신의 의견을 꼭 말하도록 했다. 조금이라도 활동을 활발하게 만들면 학생들도 듣기 수업을 즐길 수 있지 않을까 기대했다.

확실히 듣기 수업의 마법은 강력했다. 수업 방식을 바꾼 뒤 한동안 학생들은 강사의 질문에 대답하며 졸지 않게 되었다. 그러나 학생들을 자세히 살펴보면 여전히 멍한 표정이었다. 듣기는 자신의 의견을 표현하는 말하기와는 달리 내용 이해가 기본인 일방향 의사소통 방식이 주가 되기 때문에 학생들의 지루함을 타파하기에는 한계가 있었다.

듣기 수업에 대한 고민이 계속될 무렵 나는 퇴근 후 취미로 중국어를 배우기 시작했다. 중국어 학원에서 수업을 들으며 듣기 문제를 집중적으로 풀게 되었다. 가르치는 강사가 아닌, 배우는 학생의 관점에서 듣기 수업을 들으니 나 역시 한국어 반 학생들처럼 갑작스레 졸음이 몰려왔다. 듣기 수업의 마법은 한국어뿐만 아니라 중국어 수업에서도 존재하였다!

그런데 중국어 수업에서는 듣기 수업의 마법에서 금방 벗어날 수 있었다. 중국어 선생님은 듣기 파일을 재생시킬 때 매우 빠른 손놀림으로 조금씩 끊어서 학생들에게 들려주었기 때문이다. 선생님은 처음에는 학생들에게 문제를 전체적으로 한 번 쭉 들려주었다. 그 뒤 다시 들을 때는 문장 혹은 단어별로 끊었다가 다시 재생시켰다. 여러 번 끊어 들려주는 것은 굉장히 번거로운 일이었지만 학생이 한 단어라도 더 듣게 하려고 애쓰셨다. 들으면 들을수록 알아듣는 내용이 점점 많아지니 듣기 수업이 어느덧 재미있었다.

그동안 듣기 수업은 화자만 말하는 일방향 의사소통으로 진행되어 지루할 수밖에 어쩔 수 없다고 생각했다. 하지만 듣기 수업이 졸렸던 이유는 의사소통 방식의 일방향성보다도 듣기 내용과 학생이 이해한 내용 사이의 양적 차이에 있었다. 예를 들어 학생은 내용을 100% 다 이해하지 않아도 듣기 문제를 풀 수 있다. 정답이 될 힌트가 포함된 내용 일부만 이해해도 답을 판단할 수 있다. 긴 내용이 빠르게 지나가도 단어 몇 개만 알아들어도 정답을 찾는 데에 문제가 없기 때문이다.

상대방이 여러 문장을 말해도 나는 몇 개의 단어만 겨우 알아들을 수 있다면 소통이 제대로 이루어지기 힘들다. 듣기 문제도 마찬가지이다. 문제 속 화자와 내가 간접적으로 소통하려고 해도 내 언어 능력이 부족하면 소통이 어려울 수밖에 없다. 듣기 문제에서는 100%를 제시하는데 나는 30%만 알아듣는다면 화자와 나 사이의 소통량이 불균형해져 졸음이 올 수밖에 없다. 듣기 수업이 졸린 원인이 문제에서 제시하는 내용의 양과 학생이 이해한 내용의 양에 대한 차이라는 것을 깨닫고 나니 듣기 수업의 마법이 풀렸다.

다음 듣기 수업부터는 나도 중국어 선생님처럼 학생들이 최대한 하나라도 더 알아들을 수 있게 도왔다. 내 손가락이 아프더라도 마우스를 이용해 조금씩 끊어 들려주며 문제를 여러 번 다시 들려주었다. 세 문장씩 듣던 것을 한 문장씩 끊어 들으니 학생들의 이해도가 높아졌다. 까다로운 문장은 몇 단어씩 끊어 들으니 멍한 표정을 짓던 학생도 최대한 정신을 차리고 들으려고 애썼다. 끊어 듣기와 듣기 전, 중, 후 질문 제시하기 방법을 활용하니 차츰 문제 속 화자와 학생의 소통량에 균형이 맞춰졌다.

일상 속 듣기는 쌍방향 의사소통으로 이루어지지만 듣기 수업 시간에는 일방향 의사소통에만 그치는 경우가 많다. 그러다 보니 꾸벅꾸벅 조는 학생들이 늘어나고 강사는 듣기 수업을 효과적으로 이끌기 어렵다. 일반적으로 듣기 문제는 학생의 언어 능력보다 약간 더 높은 수준과 분량으로 제시된다. 그래서 학생들은 듣기 내용을 완벽하게 이해하지 못할 때도 있다.

듣기 문제에서 제시하는 내용과 학생이 이해한 내용 간의 양적 간극을 그대로 내버려두면 학생은 끝내 듣기 자체를 포기하고 잠에 빠져들고 만다. 이러한 사태를 막기 위해 강사는 끊어 듣기, 질문 제시하기 등 나름의 방법을 활용해서 양적 간극을 채워 주어야 한다. 일방향일 것만 같던 소통이 쌍방향이 되어갈 때 학생은 듣는 재미를 느끼고 나아가 진정한 소통을 할 수 있다.

마찬가지로 강사 역시 듣기 수업의 어려움을 마법처럼 극복할 수 있을 것이다. 어쩌면 듣기뿐만 아니라 말하기, 읽기, 쓰기 등 전 영역에서 소통은 상대방의 생각을 조금이라도 더 이해하려는 노력에서 시작되지 않을까? 대충 넘겨짚는 것이야말로 불통의 씨앗이다.

초보 탈출 꿀팁 학생들이 졸지 않게 듣기 수업을 이끄는 방법

단어별/문장별로 끊어 듣기를 해 보세요.

• 처음에는 전체 듣기를 한 뒤 다시 들을 때는 단어별/문장별로 끊어 들으며 정답의 근거가 되는 특정 부분을 집중하여 잘 들을 수 있게 도와주세요.

듣기 전, 중, 후 질문을 제시하세요.

• 듣기 전: 학생이 직접 문제를 읽고 어떤 내용일지 추측하도록 해 주세요.
• 듣기 중: 힌트가 될 만한 것을 메모하도록 해 주세요.
• 듣기 후: 답을 고른 이유를 짝과 함께 나누게 해 주세요.

3장

수업
내용보다
중요한 것들

1

졸라맨과
똥을 그려요

　하루하루 학생들의 다양한 반응 속에서 수업을 마주한다. 어떤 수업은 처음부터 끝까지 조는 학생 한 명도 없이 활기차다. 반면 어떤 수업에서는 학생이 멍한 표정으로 나를 바라보다가 눈이 스르르 감기는 걸 목격하고야 만다. 내 목소리가 언제부터 자장가에 적합한 소리였나 싶다. 학생을 깨우기 위해 칠판을 두드려 보고 갑자기 큰 소리를 내도 그때뿐, 초롱초롱한 눈빛들이 하나둘 흐릿해진다. 전날 무리해서, 매일 4시간씩 진행되는 수업이 벅차서, 내용이 어려워서, 재미없어서, 그리고 그냥 …. 이렇게 제각기 다른 이유로 학생들이 수업 시간에 졸기 시작한다. 반 전체가 모든 수업에서 쌩쌩하게 존재한다는 것은 불가능하다.

　그럴 때 학생을 깨우는 방법이 있다. 바로 '그림'이다. 나긋나긋하게 말하던 것을 멈추고 가만히 그림을 그린다. 신기하게도 학생들의 눈빛이 다시 초롱초롱해진다. 내가 화가처럼 그림을 잘 그려서 그럴까? 아니다. 오히려 잘 그리지 못해서 학생이 잠에서 번쩍 깨어나 내 그림을 보며 킬킬대며 재미있어한다. 또 까만색으로만 이루어진 그림보다도 여러 색이 들어간 그림에 반응이 좋다.

한국어 단어를 가르칠 때는 그림을 잘 그리는 것보다도 단어의 특징을 살려 그리는 것이 중요하다. 초급반에서는 단어를 설명할 때 중·고급반보다 그림이나 사진이 많이 사용된다. 아무리 쉬운 한국말로 설명한다고 해도 백 마디 말보다 특징을 살린 그림이나 사진이 더 효과적일 때가 있기 때문이다. 예를 들어 '바다'란 단어는 사진으로 보여 주면 바로 이해시키기 쉽다. 그런데 사진보다 그림으로 이해시키는 게 더 쉬운 단어도 있다.

첫 번째 단어는 '단풍'. 단풍을 그림으로 설명하기는 쉬운 편이다.

초록색 보드 마커로 나무와 나뭇잎을 그린 뒤 나뭇잎 일부를 빨간색으로 칠하면 학생들이 고개를 끄덕거린다. 초록색 보드 마커를 두고 왔을 때는 나무에 빨간색 나뭇잎만 그려도 어느 정도 이해한다. 그리고 한국에서는 가을에 단풍이 든다는 것을 알려 주어도 좋다. 단, 학생의 나라에서는 단풍이 없을 수도, 가을에 단풍이 들지 않을 수도 있다. 항상 학생의 관점에서 생각해야 한다는 점을 잊으면 안 된다. 그럴 때는 당황하지 말고 인터넷에서 찾은 단풍 사진을 보여 준다. 단풍 사진을 보며 학생들은 또 한 번 끄덕끄덕한다. 이렇게 그림 외에도 사진, 영상 등 시

단풍

두발자전거

외발자전거

각 자료를 최대한 이용한다.

두 번째 단어는 '외발자전거'. 바퀴가 한 개 달린 외발자전거는 머릿속으로 상상할 때는 그리기 쉬워 보인다. 하지만 어떻게 그릴지를 미리 준비해 가지 않으면 막상 학생들 앞에서 그릴 때 마음처럼 그려지지 않는다. 외발자전거를 처음 그렸을 때 저 해괴한 물체는 뭔가 의아해하는 학생들의 표정이 아직도 생생하다. 그래서 외발자전거를 설명할 때는 두발자전거와 외발자전거를 같이 그린다. 그러면 학생들이 두 그림을 비교하며 외발자전거의 뜻을 더 명확하게 인식한다.

'두께'와 '굵기'도 말로만 설명하기보다 그림과 함께 설명하는 것이 효과적이다. 이때 필요한 그림은 바로 원통형 기둥이다. 물론 원통형 기둥의 그림만 보고 학생들이 바로 단어를 이해하기 힘들 것이다. 그림은 보조 수단으로 사용할 뿐이다. 학생들이 이해하기 쉬운 말로 단어를 설명

두께·굵기

사람(졸라맨)

해 주어야 한다.

수업 시간에 그림을 그릴 때 빼놓을 수 없는 그림이 있다면 바로 '사람'이다. 나는 사람을 최대한 빠르고 간편하게 표현하기 위해 '졸라맨'으로 그린다.

수업 시간에 그림을 그리는 건 어디까지나 단어를 설명하는 것이 목적이다. 그래서 그림을 그리는 데 너무 많은 시간이 걸리지 않도록 하는 것이 좋다. 학생들이 처음에 내 졸라맨을 보고 경악(?)했지만 이 그림이 사람이라는 것을 충분히 이해할 수 있었다. 가끔 수업 시간에 졸거나 휴대폰을 보며 딴짓하는 학생이 내 졸라맨의 주인공이 되기도 한다. 졸라맨의 주인공이 된 학생은 머쓱한 웃음을 지으며 다시 수업에 집중한다. 다만 학생이 상처받을 수도 있으니 조심해서 그려야 한다.

졸라맨만큼 학생들이 좋아하는 그림이 하나 더 있다. 뭐니 뭐니 해도

'똥'이다. 교실 구석 저기 흐릿한 눈빛이 보인다. 아무리 잠을 깨워도 소용이 없다. 결국 비장의 무기를 꺼낸다. 똥을 그리고 코를 움켜잡는다. 지루해하던 학생도 눈을 번쩍 뜨며 깔깔거린다. 어느 나라 학생이든, 학생의 나이가 적든 많든 누구에게나 통하는 그림이다. 똥 그림 하나로 나른한 수업 분위기를 활기차게 바꿀 수 있다.

그런데 나만 졸라맨과 똥을 그리는 것이 아니다. 다른 강사들과 한국어를 효과적으로 가르치는 방법에 관해 이야기한 적이 있다. 그때 나온 이야기 중 하나가 수업 시간에 그릴 그림이다. 또 수업 전에 리허설 겸 서로에게 그림을 보여 준다. 어떤 게 재미있을지 강사들끼리 킥킥대며 학생들 반응을 상상한다. 그림 하나에 가르치는 사람의 마음이 담겨 있다.

수업하다 보면 조는 학생이 생기기 마련이다. 그런 학생조차 외면하지 않고 조금이라도 재미있게 수업하고 싶다. 학생들의 잠을 깨워 하나라도 더 가르치고 싶은 마음. 졸라맨과 똥은 학생에 대한 강사의 마음이 듬뿍 담긴 그림이다.

초보 탈출 꿀팁　그림으로 학생들의 잠을 깨우는 법

- 그림을 잘 그리기보다 단어의 특징을 살려 그려 보세요.
- 졸거나 딴짓하는 학생을 졸라맨으로 그려 보세요. (학생이 상처받지 않게 조심하세요.)
- 그래도 나른한 분위기이면 똥을 그려 보세요.

#2

시험을 볼 때는
옷을 입고 오세요

한국어학당에도 어김없이 시험 기간이 찾아온다. 바로 중간고사와 기말고사 조는 기간. 매일 아침 1교시를 시작하며 보는 단어 시험과 달리 중간고사와 기말고사는 다음 학기 진급을 좌우하기에 무게감이 크다. 평소 질문을 잘 안 하던 학생도 하나둘 질문하기 시작한다. 시험공부를 하기 시작한 것이다.

시험 준비는 학생만 하는 것이 아니다. 시험 기간이 다가오면 선생님도 바빠진다. 시험 전 학생들에게 시험과 관련한 여러 안내 사항을 전달해야 하기 때문이다. 한 번만 말해서는 학생들의 머릿속에 입력되지 않는다. 시험 2주 전, 일주일 전, 3일 전, 하루 전에 안내 사항을 이야기하고 또 이야기한다. 학생들이 지겹다는 표정을 지을 정도로. 긴 문장으로 장황하게 말하면 이야기해도 제대로 전달되지 않는다. 그래서 짧고

굵게 여러 번 말한다.

"늦지 마세요."

"연필과 지우개를 들고 오세요."

말로만 얘기하는 것으로 그치지 않는다. 한국어는 학생들에게 외국어이기 때문에 듣는 것으로 끝나지 않고 눈으로 보며 읽기까지 해야 명확하게 입력된다. 칠판 한구석에 안내 사항을 써 놓는다. 이렇게 해도 시험 당일에 지각해서 허겁지겁 뛰어오는 학생이 있고, 지우개가 없어서 가방을 주섬주섬 뒤지다가 지우개를 빌리는 학생이 나온다. 사실 시험에 늦지 말라는 것과 시험을 볼 필기구를 챙겨 오라는 것은 한국어 시험뿐만 아니라 웬만한 시험에 적용되는 일반적인 안내 사항이다. 그런데 우리 반에는 이러한 일반적인 안내 사항 말고도 독특한 안내 사항이 함께 전달된다.

"옷을 입고 오세요."

"신발을 신고 오세요."

너무나도 당연하게 들려서 오히려 독특하게 느껴지는 안내 사항이다. 이 독특한 안내 사항을 학생들에게 이야기하지 않고 시험을 맞이한 적이 있었다. 기온이 영하를 오가는 추운 날씨에 반중 씨가 맨발에 조리(플립플롭)를 신고 나타났다. 반중 씨는 고향이 베트남 남부 지역이었는데 그곳은 12월에도 눈이 내리지 않고 따뜻한 곳이었다. 그래서 한국의 매서운 겨울 날씨를 예상하지 못한 것 같았다. 차라리 슬리퍼에 양말이라도 신고 왔으면 좋았을까. 양말조차 신지 않아서 발이 새빨갰다. 반중 씨는 발이 시리지 않고 시원하다며 씨익 웃었지만 나는 웃지 못했다. 시험 감독을 하는 동안 반중 씨의 빨간 발이 눈에 계속 걸렸다. 그 뒤로는 겨울에 신발을 신고 시험을 보러 오라며 안내한다. 양말도 꼭 신고 따뜻한 운동화를 신으라고.

시험 때 맨발로 오는 학생이 있는가 하면, 옷을 제대로 갖춰 입지 않고 오는 학생도 있다. 즈한 씨는 한국어 인터뷰 시험을 볼 때 파자마에 슬리퍼 차림으로 왔다. 마침 시험을 보는 강의실과 즈한 씨가 머무는 기숙사가 가까워서 일어나자마자 시험을 보러 온 것이다. 내가 즈한 씨의 인터뷰 시험을 보는 선생님이었으면 그 옷차림을 어느 정도 이해했을지도 모른다. 보통 인터뷰 시험은 평가의 공정성을 확보하기 위해 그동안 가르쳤던 담임 선생님이 맡지 않는다. 대신 평상시 그 반을 가르치지 않았던 다른 선생님이 인터뷰 시험에 들어온다. 그날 즈한 씨를 처음 본 선생님은 몹시 당황하셨다. 그 뒤 옷을 입고 시험을 보러 오라는 안내 사항이 추가되었다.

한동안 코로나19 사태로 대면 수업이 중단되어 강의실에서 오프라인 시험을 치를 수 없었다. 온라인 수업을 하고 시험마저 온라인으로 치르는 것은 나도, 학생도 처음이었다. 온라인 시험에서는 학생에게 옷을 입고 오라거나 신발을 신고 오라는 안내를 할 필요가 없을 것만 같았다. 오프라인으로 시험을 치를 때보다 안내가 훨씬 수월했다. 부정행위를 방지하기 위해 인터뷰 시험에서 카메라를 켜고 진행한다고 안내했을 뿐이었다. 파자마를 입었다 해도 어차피 강의실이 아닌 집에서 입은 옷이고, 작은 사각형 프레임에는 나타나지 않으므로, 그 정도는 너그럽게 봐야 하지 않나 싶었다.

그런데 지아준 씨가 온라인 인터뷰 시험을 보러 사각형 프레임 안에 나타난 순간 경악했다. 지아준 씨가 웃통을 훌렁 벗고 있었기 때문이다. 중국에서는 여름에 웃통을 벗고 돌아다니는 남자들이 종종 있어서 그리 놀라운 일이 아니라고 들었다. 하지만 시험을 볼 때마저 웃통을 벗고 나타날 줄은 몰랐다. 날씨도 덥고 집에서 시험을 보니 편한 차림으로 카메라를 켠 듯했다. 온라인 시험을 보기 전에도 옷을 입고 오세요, 그 말을 했어야 했구나. 얼른 옷을 입고 오라고 소리치는 동안 눈을 어디에 둬야 할지 몰랐다.

코로나19 사태가 잠잠해진 뒤 다시 이전의 일상으로 돌아가 학생들은 오프라인으로 시험을 치르게 되었다. 물론 온라인 시험을 보는 반도 남아 있다. 이제는 오프라인 시험이든 온라인 시험이든 어김없이 학생들에게 이렇게 안내한다.

"시험을 볼 때는 옷을 입고 오세요."

초보 탈출 꿀팁 ▶ 시험 안내 사항을 전달하는 법

- 시험 2주 전, 일주일 전, 3일 전, 하루 전에 안내 사항을 이야기하세요.
- 칠판 한구석에 안내 사항을 써 놓으세요.
- 옷을 갖추어 입고 오라는 것과 신발을 제대로 신고 오라는 이야기도 꼭 해 주세요.
  (온라인 시험에서도 꼭 안내해 주세요.)

#3

어느 나라에서 왔냐고
묻지 마세요

한국어 수업 반에는 다양한 국적의 학생들이 있다. 우리나라와 지리적으로 가까운 중국, 일본은 물론 베트남, 태국, 미국, 우즈베키스탄, 필리핀 등등…. 기관마다 차이가 있지만 대학 부설기관 한국어학당에서 학생 비율이 가장 높은 나라는 단연 중국이다. 코로나19가 확산되기 전 외국인 유학생 수가 18만 명대까지 늘었을 때 중국인 유학생은 무려 외국인 유학생의 절반을 차지했다. 지금도 그들은 전체 외국인 유학생 중 약 40% 이상이다.

중국 학생은 좁은 범위에서는 중국 본토 출신의 학생을 일컫지만 넓은 범위에서는 중화권 국가의 학생 모두를 포함한다. 중화권은 중국의 영향력이 미치는 지역을 뜻하는데 홍콩, 대만 등이 여기에 해당한다. 그런데 중화권 학생들을 가르칠 때는 주의해야 할 것이 있다. 특히 중국 본토, 홍콩, 대만 학생들이 모두 있는 반을 가르칠 때는 더욱 주의해야 한다. 중국 본토 출신 학생들 앞에서 홍콩, 대만 학생에게 절대 묻지 말아야 할 말이 있다.

"어느 나라에서 왔어요?"

학생들에게 이 질문을 하기 전에 꼭 한 번 더 생각해야 한다.

"중국에서 왔어요."

학생이 이렇게 대답한다면 반 전체가 평화로울 것이다. 그런데 다음 대답이 나오는 순간 반 분위기가 싸해진다.

"대만에서 왔어요."

"홍콩에서 왔어요."

중국 본토 출신 학생들이 갑자기 분노하며 홍콩, 대만 학생들에게 중국어로 빠르게 말한다. 학생들은 서로 사이가 안 좋아지고 선생님은 가운데서 어찌할 바를 모르고 당황한다. 분위기가 좋지 않으면 자연스레 선생님을 원망하게 된다. 선생님이 열심히 잘 가르친 것과 별개로 그 학기 강의 평가 점수는 처참해진다.

중국 본토 학생들 대다수는 홍콩과 대만을 독립된 나라로 인정하지 않는다. 따라서 '하나의 중국' 원칙, 즉 중국 본토(대륙)와 홍콩, 마카오, 대만은 하나라는 원칙에 위배되는 일에 굉장히 민감하게 반응한다. 그래서 수업 시간에 홍콩, 대만을 독립된 국가로 여기는 사람이 있다면 바로 선생님에게 항의한다. 선생님은 억울하다. 중국 본토, 홍콩, 대만 학생은 서로 다른 여권을 사용하기에 출석부에는 다른 국적으로 표기된다. 한국어과정 첫 수업은 상대의 이름과 더불어 어느 나라에서 왔는지 물어보고 자기소개를 하면서 진행된다. 출석부를 보고 학생에게 무심결에 물은 것뿐인데 예상보다 큰 파장을 일으킨 것이다.

처음에는 중국 학생들이 이 사안에 왜 그렇게 민감하게 반응하는지 의아했다. 그런데 많은 중화권 학생들을 가르치며 그들이 홍콩과 대만 이슈를 한국 사람들이 접하는 독도 이슈만큼 민감하게 느낀다는 것을 깨달았다. 만약 한국 사람이 미국에 어학연수를 갔는데 미국인 선생님이 "독도는 일본 땅이에요."라고 한다면 나 역시 그 선생님이 한국에 대한 이해가 부족하다는 생각에 의견을 피력했을지도 모른다.

그만큼 홍콩과 대만은 중국 학생들에게 아주 민감한 이슈이기 때문에 함부로 건드려서는 안 된다. 중국 본토 학생들 혹은 홍콩이나 대만 학생들 중 특정한 한편을 옹호해서도 안 된다. 한국어 강사는 수업 시간에 정치적·종교적 이슈를 언급하지 않고 수업 내용에 집중하는 것이 가장 좋다. 그것이 학생이나 선생님을 위해서도 좋은 길이다.

그렇다면 자기소개를 할 때 홍콩이나 대만 학생들에게 질문하고 싶다면 어떻게 해야 할까? 질문을 조금만 바꾼다면 여러 방법이 있다. 예를 들어 '어느 나라'에서 왔냐고 질문하는 대신 "어디에서 왔어요?", "고향이 어디예요?"와 같이 질문하면 분쟁을 피해 갈 수 있다.

자기소개 외에도 나라를 이야기해야 하는 순간이 있다. 그중 하나가 수업 시간에 세계 지도를 그려야 하는 상황이다. 이때는 선생님이 그리는 것보다 학생들이 자기 나라를 직접 그리도록 하는 것이 좋다. 그렇지 않으면 자칫 학생의 국가에 영토 분쟁이 있는 섬이나 지역을 빼놓고 그렸다는 이유 등으로 본의 아니게 거센 항의를 받을 수도 있다. 게다가 학생들은 자기 나라에 관해 이야기하는 것을 워낙 좋아한다. 그래서 학생에게 칠판에 직접 자기 나라 혹은 출신 지역을 그리게 한다면 부끄러워하지 않고 오히려 재미있어한다. 심지어 휴대폰으로 구글 지도까지 검색하며 꼼꼼하게 그리는 학생들도 있었다. 즉 민감한 반응이 있을 수도 있는 내용은 교사가 직접 말하거나 그리며 제시하기보다 학생을 통해 간접적으로 제시하는 것이 좋다.

그렇다고 중화권 학생들이 예민하기만 할까? 전혀 그렇지 않다. 많은 학생이 친화력이 뛰어나 학기 초반부터 쉽게 다가온다. 또 학기 말이 되면 반이 바뀌는 것을 아쉬워하며 선생님과 친구들과 헤어지기 싫어 눈물을 글썽이기도 한다. 단지 "어느 나라에서 왔어요?"라는 질문만 조심한다면, 그들은 여전히 순하고 다정한 모습일 것이다.

초보 탈출 꿀팁   **중화권 학생에게 출신지를 물어보는 법**

- 중국 본토, 홍콩, 대만 학생 앞에서 이 질문만큼은 하지 마세요.
  "어느 나라에서 왔어요?"
- 대신 이렇게 질문해 보세요.
  "어디에서 왔어요?", "고향이 어디예요?"
- 세계 지도를 그려야 하면 학생에게 직접 자기 나라를 그려 보라고 하세요.

#4

가족이 몇 명이냐고도 묻지 마세요

오늘 공부할 단원은 '가족'이었다. 내가 조심해야 할 단원이다. 이 단원은 가족과 관련한 한국어를 학습하는 시간이다. 가족 구성원의 수, 가족 관계 등을 묻고 답한다.

"가족이 어떻게 돼요?"

"가족이 몇 명이에요?"

얼핏 보기에 문제없어 보이는 질문이더라도 누군가는 쉽게 대답하지 못할 수 있다. 부모님이 이혼하셨거나 돌아가신 학생에게는 가족의 아픔을 드러내는 상처가 되기 때문이다. 예전에 반 학생들을 대표로 한 학생에게 가족이 몇 명이냐고 물었다가 당황한 적이 있었다. 대답하기 곤란해하는 학생의 표정을 보며 질문을 잘못했음을 느꼈지만 이미 엎질러진 물이었다. 그때 가족과 관련한 질문은 학생 개인에게 민감한 주제이기에 조심스럽게 해야 한다는 것을 깨달았다.

'가족' 단원은 수업하기 조심스러운 한편 학습에 꼭 필요한 단원이다. 가족 구성원의 수와, 가족 관계를 이야기하며 가족을 소개하는 것은 한국어 초급 단계에서 기본적인 학습 목표이다. 이 단원을 수업하며 혹시나 수업 내용 때문에 상처받는 학생이 생기지 않으려면 무엇보다 단원을 잘 도입해야 한다. 예전처럼 아무 학생에게나 뜬금없이 "가족이 몇 명이에요?"라고 질문하는 실수를 저지르지 않는다. 책에 가족사진 그림이 있다면 적극적으로 활용한다. 그림을 보며 등장인물의 가족에 대해 질문한다. 책에 가족사진 그림이 없다면 내 가족사진을 준비해 와서 학생들에게 보여 주며 내 가족부터 먼저 소개한다.

가족과 관련한 단어를 배운 뒤에는 반 친구들과 가족에 관해 묻고 답하는 활동 시간을 갖는다. 말하기 활동을 본격적으로 진행하기 전 학생들에게 미리 말해 줘야 할 것이 있다. 활동의 목적을 분명하게 안내하는 것이다. 이 활동의 목적은 어디까지나 한국어 연습을 위해서이고 만약 가족에 대해 이야기하는 게 불편하다면 다르게 말해도 좋다고 일러준다. 그 이야기를 들은 학생들은 자기 가족에 대해 고스란히 말해야 한다는 부담에서 한층 자유로워진다.

학생들이 짝 활동을 하며 가족에 대해 이야기하는 동안 나는 교실을 돌아다니며 학생들의 대화를 듣는다. 강사나 짝 활동 친구에게는 가족에 대해 살짝 이야기하는 게 괜찮아도 반 전체를 대상으로 말하는 것은 부담스러워하는 학생도 있다. 학생들의 상황을 파악하면 발표할 학생을 정하기도 훨씬 쉽다. 활동이 끝난 뒤 학생들이 활동을 잘했는지 확인할 겸 반에서 대표 질문을 할 때는 가족에 대해 민감하게 느끼지 않을 학생에게 질문한다.

"치엔 씨, 가족이 몇 명이에요?"

"우리 가족은 아버지, 어머니, 저, 세 명이에요."

대표 질문까지 주고받고 나면 오늘도 무사히 '가족' 단원을 가르치고 넘어가게 된다. 요즘 형제가 없이 외동인 학생들이 많아서 가족이 몇 명인지 물으면 대부분 치엔 씨와 같은 대답이 나온다. 하지만 치엔 씨와 다른 대답이 나올 수도 있다. 형제가 있거나 할아버지, 할머니와 함께 살 수도 있고 부모님 중 아버지나 어머니만 있을 수도 있다. 가족에 대해 답하는 학생도 아무렇지 않을 수도, 예민하게 받아들일 수도 있다.

가족에 대해 사실대로 말하지 않아도 강사든 학생이든 알 리가 없다. 그런데 학생들은 최대한 솔직하게 가족에 대해 답하고자 한다. 가족을 소개하기 불편하면 사실대로 말하지 않아도 된다고 거듭 말해줘도 가족을 제대로 소개하고 싶어 했다. 그래서 누군가 상처받는 상황이 생기지 않도록 질문할 학생을 잘 뽑아야 했다.

가족 소개 시간이 되면 한국어 수업에 참여하는 학생들의 진심을 느낄 수 있다. 이들은 한국어를 배우는 매 순간 거짓이 아닌, 진심을 다해 공부하고 있다. 서로 아직 어색한 사이더라도 가장 깊은 주제일 수 있는 가족을 스스럼없이 드러낸다. 혹여 이들의 진심에 상처가 되지 않도록 나 역시 진심을 담아 조심한다. 진심 어린 가족 소개를 통해 나와 학생들은 서로 한 발짝 더 가까워진다. 가족 소개 시간이 지나고 앞으로 고향, 미래 계획 등 다양한 주제를 이야기하며 우리는 한국어로 더 깊어진 세상을 마주할 것이다.

초보 탈출 꿀팁 **수업 시간에 주의해야 할 질문들**

"가족이 몇 명이에요?"
- 가족의 아픔이 있는 사람에게 가족과 관련한 직접적 질문은 상처가 될 수 있어요. 교재에 나온 등장인물의 가족, 강사의 가족에 대해 이야기하며 도입해 보세요.

(남학생에게) "여자친구 있어요?" / (여학생에게) "남자친구 있어요?"
- 학생이 먼저 자기 연애 여부를 밝히지 않는 한 직접적으로 물어보는 것은 지양합니다. 사생활과 관련한 질문을 불편해 할 수 있고 동성애자인 학생도 있을 수 있습니다.

#5

여우의 설렘이
지속되기 위하여

생텍쥐페리의 『어린 왕자』에서는 왕자를 기다리는 여우의 모습이 나온다. 여우는 "네(왕자)가 오후 네 시에 온다면 나는 세 시부터 행복해지기 시작할 거야."라고 말한다. 시간이 가면 갈수록 더 행복해지고 네 시가 되면 안절부절못할 거라고 한다.

한국어학당에서는 학기 중 한국어 수업 외에 한국 문화 수업도 진행된다. 한국 문화 수업은 보통 중간시험과 기말시험이 끝나고 문화 체험 활동의 형태로 이루어진다. <난타> 공연이나 전통 뮤지컬 관람, 김장이나 떡을 만드는 요리 수업은 물론 한강 유람선을 타거나 고궁을 비롯해 롯데월드, 에버랜드, 남이섬 등에 놀러 가기도 한다.

문화 체험은 학생들이 손꼽아 기다리는 활동이다. 학기 첫날부터 문화 체험은 언제 가냐고 질문하는 학생도 있을 정도이다. 교실에서 수업만 듣다가 시험이 끝난 보상처럼 오랜만에 친구들과 놀러 나오면 신이 나서 어쩔 줄 모른다.

그런데 강사들은 교실에서 수업하는 날보다 문화 체험을 하러 나가는 날에 간이 더 작아져 콩알만 해진다. 강사의 임무는 학생들이 문화 체험을 무사히 마치도록 하는 것이다. 그러기 위해서는 반 전체가 학교 외부로 나가는 만큼 신이 나서 흥분한 학생들과 달리 차분해져야 한다. 문화 체험이 있기 며칠 전부터 약속 장소와 시간을 여러 번 공지한다. 학교와 먼 곳으로 문화 체험을 하러 갈수록 강사의 마음은 불안하다. 학생들은 어린애가 아닌 성인 학습자이고 한국 생활도 익숙해졌을 테지만 장소를 잘 찾아올 수 있을지, 제시간에 올 수 있을지 강사의 걱정은 이만저만이 아니다.

문화 체험 당일이 되었다. 이번 학기 문화 체험은 <난타> 공연을 보러 가는 활동이다. 정해진 시간에 따라 공연을 관람하는 만큼 학생들에게 늦으면 안 된다고 여러 번 강조했다. 한국어학당 전교생들을 대상으로 공지할 때는 공연 30분 전까지 오라고 안내한다. 예를 들어 공연이 10시에 시작한다면 9시 30분까지 오도록 안내한다. 공연 10분 전까지만 와서 착석하면 되지만 그보다 더 이른 시간에 오도록 안내한 이유는 지각생이 나오지 않게 하기 위해서이다.

당시 내가 일했던 곳의 한국어학당에서는 'K 타임'이라는 말이 암암리에 퍼져 있었다. 지금은 없어졌지만 예전에 약속 시간에 일부러 늦게 도착하는 행동이나 버릇을 '코리안 타임(Korean time)'이라고 말했었는데, 'K 타임'도 그 학교 학생들에게 적용되는 지각 습관이었다. 'K 타임'에 대비하여 이번에도 일부러 넉넉하게 9시 30분까지 오도록 안내 공지를 했다.

공지만큼 일찍 와서 여유로우면 좋으련만 아니나 다를까, 학생들은 간신히 공연 시간에 맞춰 왔다. 마치 밤 열두 시 종이 울리자 허겁지겁 뛰어가는 신데렐라 같았다. 한편 왕자를 기다리는 여우처럼 설레는 마음으로 공연 시작 한참 전에 온 학생들도 있었다. 그런데 일찍 왔다고 해서 곧바로 공연장에 들어가는 것이 아니었다. 공연장 입구에서 반 친구들을 기다렸다가 인원이 다 모인 반 순서대로 함께 입장해야 했다. 물론 공연이 시작하기 전에 모두가 제때 오면 좋을 텐데 오늘 같은 날에도 지각생이 나온다.

왕자를 기다리는 여우처럼 설렜던 얼굴들은 지각생을 기다리느라 실망감으로 흐려진다. 지각생이 공연 시작 전에 와서 반 전체가 무사히 공연장에 입장하면 다행이다. 하지만 어떤 학생은 공연이 시작되고 한참 뒤에야 오기도 한다. 다른 학생들에게 공연 시작 전에 먼저 들어가라고 하면 되지만 지각생은 늦게 와서 공연 앞부분을 놓칠 수밖에 없다.

문화 체험을 할 때에는 시간을 지키는 것에 스트레스 받지 않고 마음껏 여유를 즐기고 싶은 학생도 있을 것이다. 그런데 다 같이 하는 시간 약속은 여유를 갖고 대할 수 없다. 나 혼자만 해당되는 시간 약속이 아니기 때문이다. 교실에서 하는 한국어 수업뿐만 아니라 문화 체험 활동에서도 시간 약속을 잘 지키는 것이 중요하다. 누군가에게는 문화 체험이 매 학기 의례적으로 하는 활동에 불과할 수 있지만 다른 누군가는 『어린 왕자』속 여우처럼 설레며 손꼽아 기다릴 수도 있다.

시간 약속에 늦어서 실망하지 않고 여우의 설렘이 지속되기 위해서는 한 명의 지각생조차 허용할 수 없다. 전날 반 전체에 단체 메시지로 공지한 것으로는 부족하다. 이른 아침 지하철을 타며 메시지를 보내 학생들의 상황을 체크한다.

"여러분 어디예요? 오고 있어요?"

"선생님, 저는 지금 시청역에 있어요."

"선생님! 저는 빨리 갈게요."

당일 아침에 학생들의 상황을 체크한 날은 체크하지 않은 날과 달리 지각생이 거의 나오지 않았다. 지각생이 나오더라도 지금 어디쯤 있고 몇 분 뒤에 올지를 예상할 수 있어서 큰 걱정을 하지 않아도 되었다.

문화 체험을 하는 날, 시간 약속에 늦는 누군가가 생겨 기다리는 여우가 실망하지 않도록 모두가 시간 약속을 지키게 잘 이끌어야 한다. 문화 체험을 하러 가기 며칠 전, 전날, 당일 아침 등 여러 번 시간과 장소를 알리고 학생들의 상황을 체크하기 때문에 때로는 과하다고 느낄 수도 있다. 하지만 여우의 설렘이 지속되기 위하여 다소 번거롭고 간이 콩알만 해지더라도 문화 체험의 날을 부산스레 대비해 보자.

학교 밖에서 이루어지는 문화 체험 활동은 학생들과 넉넉하게 시간 약속을 잡으세요.

- 그날 교통 상황, 익숙하지 않은 지리 등으로 목적지 도착까지 예상 시간보다 더 오래 걸릴 수 있다는 점에 대비하세요.

문화체험 시간과 장소 공지는 칠판과 프린트, 단체 카톡방 등을 적극 활용하세요.

- 한 번 말하는 것만으로는 시간과 장소를 잊어버리기 쉽습니다. 잘 기억할 수 있도록 여러 번, 다양한 방법으로 공지해 주세요.

전날은 물론 당일 아침에도 학생들의 상황 체크는 필수!

- 당일 아침 학생들이 잘 오고 있는지 단체 메시지로 한 번 물어봐 주세요. 여러 번 체크할수록 지각생이 나올 확률이 줄어들어요.

#6

노래도 부르고
낚시도 하고

대학 부설 교육기관 한국어학당 외에도 외국인 근로자 센터, 한글학교, 초·중·고등학교 방과 후 수업 등 다양한 곳에서 한국어교육이 이루어진다. 그곳에서는 성인이나 청소년 외에도 유아 학습자를 만날 수도 있다. 이들은 어느 학습자보다도 가장 솔직하다. 나는 일대일 한국어 과외를 하며 두 명의 어린아이를 만난 적이 있다. 한 명은 미국에 사는 여자아이였고 다른 한 명은 한국에 사는 남자아이였다. 둘 다 다섯 살이라 성인 학습자만큼 집중력이 길지 않았다. 한 자리에 가만히 오래 앉아 있는 것이 힘든 일이기에 성인 학습자의 수업 시간인 50분은 당연히 채울 수 없었고 30분 수업도 간신히 채울 정도였다. 그래서 교재 대신 주로 단어 카드 등을 활용하여 수업했다.

두 아이는 각각 학습 성향과 좋아하는 것이 달랐다. 여자아이는 노래 부르는 것을 좋아했다. 처음에 만났을 때는 낯을 가리며 새침하게 굴었는데 한글을 영어 알파벳 노래 리듬에 맞춰 부르며 급격히 가까워졌다. 이후 이 아이와의 한국어 수업은 이러한 성향을 적극적으로 활용하여 많은 동요를 듣고 불렀다.

아이가 가장 좋아하는 동요는 '산토끼'였다. 손으로 토끼 귀를 만들며 율동과 점프까지 하는 아이를 보니 진작 이 동요를 가르쳐 줄 걸 그랬다는 생각이 들었다. 학부모에게 듣기로는 아이는 집에 가서도 '산토끼'를 여러 번 불렀다고 했다. 동물 단어 카드 중에서도 '토끼' 단어를 집으며 '산토끼'를 흥얼거리는 아이의 모습에 배시시 웃음이 나왔다.

한편 남자아이는 여자아이와 다르게 노래 부르는 것을 별로 좋아하지 않았다. 새로운 동요를 틀어줘도 유치하다며 거부했다. 동요만 문제일까. 단어 카드를 꺼내기만 해도 짜증을 냈다. 단어 카드에 거부감을 가지지 않도록 다른 디자인의 카드를 가져와도 마찬가지였다. 혹시 아이가 좋아하는 단어의 카드면 좀 낫지 않을까 싶어 각종 자동차나 동물 카드로 아이를 유혹해 보았다. 그러나 아이는 자동차 카드에 잠깐 호기심을 보이다가도 다른 단어의 카드가 나오자 바로 외면해 버렸다.

남자아이의 한글 교육과 관련한 유튜브 영상을 찾아보며 단어 카드를 좋아하게 만들 방법을 고민했다. 그러다가 단어 카드 자체를 바꾸려고 하기보다 카드를 집는 방법에 변화를 주어도 아이가 흥미를 느끼게 할 수 있다는 것을 깨달았다. 그래서 단어 카드를 손으로 집는 거보다 자석을 붙여 미니 낚싯대로 낚는 방법을 사용해 보았다. 카드를 낚시하듯 낚도록 하니 아이는 놀랍게도 단어 카드에 흥미를 보였다. 단어 카드를 낚을 때마다 단어를 발음해야 한다고 규칙을 정해 주니 단어 카드에 있는 단어들을 빠르게 모두 읽어 버렸다. 단어 카드와 낚시를 하는 동작을 연결하니 아이는 이제 단어 카드에 거부감 대신 재미를 느꼈다.

이처럼 유아 학습자를 가르칠 때는 한국어 책으로만 공부하기보다는 아이의 성향, 성별 등을 고려한 놀이 학습법을 적극적으로 활용하여 수업을 즐기도록 만드는 것이 관건이었다. 아이가 수업을 즐기려면 한국어를 공부하는 것이 아니라 노는 것으로 느껴야 했다. 그러기 위해서는 아이가 시간 가는 줄 모를 정도로 재미있어야 했다. 아이가 어떻게 하면 재미있어할지 고민하며 한동안은 아이를 관찰했다. 이 아이는 동요를 좋아하는구나, 이 아이는 활발히 움직이며 활동하는 것을 좋아하는구나. 그 과정에서 아이가 좋아하는 것과 한국어를 연결시켰고 서로 재미있게 수업할 수 있었다.

성인 학습자를 가르칠 때도 마찬가지이다. 수업 시간에 현실감 있는 대화를 하기 위해 학생의 관심사를 최대한 반영하여 예문을 만드는 편이다. 예를 들어, 한 학생이 BTS를 좋아한다면 "BTS 노래를 들어 본 적이 있어요?", 부산에 가 봤다면 "부산에 간 적이 있어요?"와 같은 예문을 만든다. 그때마다 학생들은 눈을 반짝이며 적극적으로 대답한다. 물론 성인 학습자는 유아 학습자보다 인내심이 많다. 학생의 관심사에서 벗어난 예문이더라도 충실히 대답하며 수업에 집중한다.

그러나 유아 학습자들은 조금이라도 자기의 관심에서 벗어나면 흥미를 잃는다. 노래 부르는 것을 좋아하는 아이 앞에서 노래를 끄면 하품하기도 하고, 움직이는 것을 좋아하는 아이 앞에서 가만히 단어 카드를 보여 주면 몸을 이리저리 비튼다. 수업이 재미없어지면 성인 학습자보다도 뚜렷하고 솔직한 반응을 보인다. 그래서 관심 있는 것을 찾아 한국어와 연결지어야 한다.

성인 학습자와 달리 유아 학습자 대상의 한국어 수업에서 가장 중요한 것은 수업 내용보다도 수업의 즐거움일 것이다. 물론 한국어 수업은 마냥 놀고 웃기만 한 개그 수업이 아니다. 유아 학습자에게도 한국어를 배워야 하는 학습 목표가 분명히 있다.

이 학습 목표를 달성하면서 수업을 재밌게 만들기 위해서는 학생 한 명 한 명에게 주목해야 한다. 학생의 학습 성향이 어떻고 무엇을 좋아하는지를 파악해야 한다. 한국어 공부하는 모습을 관찰하면서 학생을 이해하고 어떻게 수업하면 재미있어할지 상상하다 보면 수업에 대한 욕심이 생긴다. 그러다 보니 수업 시간에 노래도 부르고 낚시도 하게 된다. 이는 어떻게든 학생이 한국어 수업을 더 즐기게 만들려는 강사의 필사적인 노력이다. 학생에 대한 애정 없이는 재미있는 수업을 제대로 준비할 수 없다. 강사와 학생이 한국어 수업을 통해 서로 교감할 때 세상에서 가장 재미있는 수업을 하게 될 것이다.

재미있게 수업하는 법

학생의 관심사와 관련된 예문을 제시해 보세요.

- 좋아하는 연예인 이름, 자주 가는 식당, 여행 장소를 넣어 예문 만들기!
  이러한 예문을 만들기 위해서는 학생을 애정 어린 눈으로 지켜봐야 합니다.

학생의 취미와 관련한 활동을 제시해 보세요.

- 노래 부르는 것을 좋아한다면,
  유아 학습자에게는 동요를 가르쳐 주세요. ('가나다', '머리 어깨 무릎 발' 등)
  성인 학습자에게는 초급 단어와 문법이 들어간 K-POP을 들려주세요. 그런데
  노래 한 곡을 다 들려주면 가사를 이해하기 어려워할 수 있어요. 노래 전체보다
  는 초급 단어와 문법이 들어간 구간만 들려주세요. 그러면 노래에 나오는 초급
  단어와 문법을 재미있게 기억할 수 있어요.
  (아이유의 '금요일에 만나요.', 포미닛의 '이름이 뭐예요?', EXID의 '위아래' 등)
  성인 학습자에게 동요만 가르쳐 주면 유치하다고 느끼는 학생이 있을 수 있어요.

- 활발히 움직이는 것을 좋아하면, 동작을 이용한 간단한 게임을 하는 것도 좋아요!
  (숫자를 연습할 수 있는 369 게임 등)

4장

학생들과
이러쿵저러쿵

1

러브 스토리 인
한국어학당

"주말에 뭐 할 거예요?"

"동대문에 갈 거예요."

"언제 갈 거예요?"

"한 시에 갈 거예요."

"같이 가요."

이 짤막한 대화의 주인공은 스무 살 남녀다. 여기엔 사랑의 두근거림, 달달한 썸이 담겨 있다. 한국어학당이라고 공부만 하는 딱딱한 곳일까. 이곳에도 수천 명의 청춘 남녀가 모이는 만큼 온갖 사랑과 이별이 일어난다.

중국 길림에서 온 초급반 학생 경호 씨는 유독 장난기가 많았다. 하도 수업 시간에 친구들과 장난을 잘 쳐서 그의 자리를 우리 반 1등인 혜민 씨 옆으로 옮겼다. 혜민 씨도 중국에서 온 학생이라 경호 씨가 이해를 하지 못한 부분이 있으면 중국어로 설명해 주며 공부를 도와주었다. 경호 씨는 혜민 씨 옆에 앉은 후 곧잘 수업에 집중하는 듯했다. 그런데 어느 순간 수상한 낌새가 보였다.

"주말에 뭐 할 거예요?"

"동대문에 갈 거예요."

경호 씨가 그렇게 한국어를 진지하게 말하는 것도, 혜민 씨가 그렇게 부끄럽게 발표하는 것도 처음이었다. 경호 씨와 혜민 씨뿐만이 아니다. 반 전체의 분위기가 미묘하게 달라졌다. 우리는 두 사람의 주말 계획 발표를 집중해서 들었다. 그제야 나는 눈치 챘다. 외국 학생끼리 한국어로 호감을 표현하며 썸을 타고, 싸우기도 한다는 얘기를 동료 선생님에게 듣기만 하다가 드디어 목격하게 된 것이다.

아니나 다를까, 경호 씨와 혜민 씨는 중간고사가 끝나고 커플이 되었다. 커플이 된 후 이들은 손을 잡고 수업을 듣기도 했다. 내 눈을 피해 몰래 손을 잡고자 했지만 불행인지 다행인지 언제 손을 잡았다 떼는지도 훤히 보였다. 어차피 학생들 앞에 서서 가르치면 너무나도 잘 보이기 때문인 건지, 내 눈치가 빠른 건지. 나 몰래 수업 시간에 서로 뽀뽀하지 않은 게 다행일까. 간신히 모른 척했다. 이들은 적어도 수업 시간에는 중국어가 아닌 한국어로 얘기했다. 한국어로 썸을 탄 뒤 사랑을 속삭일 정도로 한국어 실력이 늘었다는 것에 보람을 느껴야 할까.

한편으로는 이들이 연애하느라 공부를 소홀히 할까 걱정이 되었다.

경호 씨는 이전 학기에 유급한 내력이 있고 원래 시험 점수가 좋지 않았지만 혜민 씨는 매일 보는 단어 시험 점수가 이전과 달리 떨어졌다. 결국 내가 나쁜 사람이 될 수밖에 없었다. 기말고사를 앞두고 학생들의 자리를 한 번 더 바꾸었다. 경호 씨와 혜민 씨의 자리를 일부러 떼어 놓은 것이다. 자리를 바꿀 때는 경호 씨와 혜민 씨에게 원망의 눈빛을 받아야 했지만 효과가 있었나 보다. 기말고사가 끝나고 다행히 두 사람은 나란히 중급반으로 올라갔다.

한국어학당의 러브 스토리에는 경호 씨와 혜민 씨의 이야기처럼 해피 엔딩만 있는 것은 아니다. 한 반에서 커플이 탄생한 후 그 학기를 새드 엔딩으로 마무리하는 경우도 있다. 커플이라고 사랑이 영원히 지속되리라는 법은 없으니까. 문제는 헤어진 뒤다. 사랑이 깨지자 커플이었던 여학생은 수업에 계속 나오지만 남학생은 갑자기 수업에 나오지 않았다. 여학생, 그리고 여학생과 친한 학생들에게 남학생에 대해 질문하는 것은 암묵적으로 금기시된다. 걱정스러운 마음에 남학생에게 연락하면 처음에는 그냥 아프다고 한다. 또 연락하면 이제는 선생님께 죄송하다고 한다. 그렇게 남학생은 그 학기 반강제로(?) 유급을 한다.

그러다 보니 반 학생들이 커플이 될 조짐이 보이면 재미있으면서도 불안하다. 내 눈에는 두 학생이 썸을 타는 게 뻔히 보이는데 이들이 커플이 되도록 응원해야 할까, 아니면 커플이 되지 말라고 방해해야 할까. 학생들의 썸을 모른 척해야 하는데 나도 모르게 계속 눈길이 간다. 학생들이 사귈 땐 사귀더라도 이번 학기에 헤어지지만 않았으면 좋겠다. 혜어져서 누군가 무단결석하지 않도록. 아니, 이왕 사귈 거면 우리 반 안에서 사귀지 말고 차라리 다른 반 학생과 사귀면 어떨까. 그렇다면 만약 헤어져도 한 명이 무단결석하는 일은 없을 테니까. 이번에도 나는 학생들의 연애에 응원도, 방해도 하지 않은 채 미소를 띠고 지켜본다. 한국어학당의 러브 스토리가 어떻게 전개될지를 기대하면서.

초보 탈출 꿀팁 ## 한 반에 커플이 생길 때 대처하는 법

커플이 된 학생들이 연애 사실을 알리지 않는다면 모른 척해 주세요.

- 먼저 짐작해서 말을 꺼내면 자칫 사생활에 간섭한다고 느낄 수도 있어요.

커플이 된 학생들이 연애 사실을 공개한다면 축하해 주세요. 그리고 학기 말까지 연애와 공부를 계속할 수 있게 유도해 주세요.

- 한국어를 가르치는 것 외에도 때로는 연애 상담(!)을 하게 될 수도 있어요.
- 연애 상담을 할 때는 한 학생만 일방적으로 편들지 마세요. 다른 학생이 서운하게 느낄 수도 있어요.

커플이 된 학생들이 헤어졌다면 두 학생의 출결 관리에 신경 써야 해요.

- 한 학생이 무단결석을 해서 반강제적으로 유급할 수도 있어요. 어떻게든 두 학생 모두 수업에 오게 해 주세요.
- 두 학생이 출석하면 서로 최대한 멀리 떨어져 앉도록 하고 수업 시간에 최대한 주목을 덜 받도록 해 주세요.

#2

우리 반
지각 대장

　이상하게 어느 학기든 반에 꼭 한 명쯤은 지각 대장이 있다. 지각 대장에게 1분 늦는 것쯤은 지각이 아니다. 5분은 기본이고 30분이나 한 시간 지각할 때도 있다. 하도 지각하다 보니 그날 결석하지 않고 얼굴을 비추면 다행일 지경이다. 그래서 어쩌다가 수업 시작 전에 지각 대장이 교실에 와 앉아 있는 모습을 보면 깜짝 놀란다. 그렇게 지각 대장은 학기 내내 밥 먹듯이 수업에 늦게 오고 간신히 학기 최소 출석률을 채운다.

　매 학기 수많은 지각 대장이 있었다. 하지만 효이 씨는 유독 기억에 남는 지각 대장이다. 학기 첫날 결석에 이어 둘째 날에는 지각하고 그다음 날도 역시 지각. 1교시 시작 전에 효이 씨의 자리가 채워져 있는 것을 좀처럼 보기 힘들었다. 다른 학생들과 달리 그녀의 자리는 늘 빈자리였다. 출석부에서 효이 씨 이름 옆에는 지각 표시가 빼곡히 적혀 있었다. 하루는 효이 씨가 제시간에 온 게 오히려 이상해서 내가 물었다.

"효이 씨, 오늘 무슨 일 있어요?"

"선생님, 저는 어제 잠을 못 잤어요."

어제 잠을 자지 않고 밤을 새운 덕분에 오늘 제시간에 온 효이 씨. 그녀가 지각하지 않으려면 잠을 자지 않아야 했다! 그 정도로 그녀는 아침잠이 많았고 오전 9시까지 수업에 오는 것을 힘들어했다. 그렇게 하루하루 지각이 쌓이다 보니 결국 그녀는 학사 경고를 받게 되었다. 이대로 가다가는 성적이 아닌, 출석률이 낮아서 유급할 수도 있었다. 그녀와 이야기해 보니 본인도 지각을 많이 하는 것이 문제라는 것을 너무 잘 알고 있었고 이를 몹시 고치고 싶어 했다. 절대 그녀가 일부러 지각하는 것이 아니었다. 아침에 늦게 일어날 뿐이다. 알람을 여러 개 맞추라고 했더니, 알람을 열 개 이상 맞춰도 일어나기 힘들다고 했다. 전날 일찍 자라고 하니, 일찍 자려고 해도 잠이 안 온다고 했다. 매일 아침 특별히 그녀에게만 모닝콜을 해 줄 수도 없었다. 별다른 해결 방안을 찾지 못했지만 어쨌든 나는 따끔하게 말할 수밖에 없었다. 그녀에게 이 문제는 계속되어서는 안 되고 반드시 고쳐야 하는 사안이었기 때문이다.

"한 번만 더 지각하면 상담 선생님께 가야 해요. 상담 선생님은 저보다 더 무서워요."

유급하는 것을 막기 위해 친절한 상담 선생님을 무서운 선생님으로 만들면서까지 효이 씨를 협박했다. 그녀는 두 번 다시는 지각하지 않기로 나와 새끼손가락을 걸며 약속했다. 나의 어설픈 협박이 통했던 것일까. 다음 날 1교시가 시작되기도 전에 그녀가 교실에 와 있었다. 다만 화장을 못해서 맨얼굴에 퀭한 눈으로 앉아 있었다. 효이야, 진작 화장을 포기하고 제때 오면 얼마나 좋았니.

그런데 일주일이 채 지나지 않아 그녀는 또 지각했다. 그렇게 단단히 약속해 놓고도 지각하다니, 그녀를 지각하지 않는 학생으로 만들 수 있는 길은 정녕 상담 선생님과의 면담뿐일까. 약속을 어긴 그녀에게 화가 났다. 하지만 그것과 별개로 수업 진도를 나가야 했기에 다른 학생들에게 내색하지 않고 수업했다. 수업한 지 30분이 지났을까.

"죄송합니다."

검은 모자를 푹 눌러 쓴 효이 씨가 90도로 허리를 숙이며 들어왔다. 또 지각한 것에 대해 당장 다그치고 싶었다. 하지만 수업 진도 때문에 간신히 화를 참았다. 쉬는 시간이 되자마자 그녀에게 다가갔다.

"효이 씨, 오늘 왜 늦었어요?"

"선생님, 저는 택시를 탔어요."

수업에 늦지 않기 위해 택시를 탄 효이 씨. 그런데 택시 기사님이 길을 잘못 들어서 한국어학당이 위치한 후문 근처가 아닌, 정문 근처에 내려 주셨다고 한다. (아니면 학교 이름만 듣고 사람들이 많이 출입하는 정문 쪽으로 운전하신 것 같았다.) 결국 정문에서 후문까지 오느라 지각하게 되었다고 했다. 어떻게든 지각하지 않으려고 택시까지 타며 노력한 효이 씨. 지각한 그녀를 무작정 다그치기 전에 왜 늦었는지 물어본 게 다행일까. 그 얘기를 들으니 화가 다소 가라앉았다. 하지만 그 뒤 그녀는 학기 마지막 날까지 지각한다. 그리고 더도 말고 덜도 말고 딱 최소 출석률을 채워 진급했다.

평소 나는 출석 체크에 까다롭다. 아니, 따지고 보면 그렇게 까다로운 것도 아니다. 수업 시작이 9시면, 9시 5분부터 9시 30분까지는 지각, 9시 31분부터는 결석으로 표시한다. 1교시 50분 수업 중 30분을 늦게 와도 지각으로 처리하니, 학생들의 편의를 어느 정도 봐주고 있다고 생각한다. 학생들도 그것을 알고 있는지 9시 4분 30초가 지나면 교실 밖 복도에서부터 쿵쾅쿵쾅 뛰어오는 소리가 들린다.

그러던 어느 날, 지난 학기 강의 평가 결과를 받았다. 보통 학생들은 강의 평가를 할 때 집에 일찍 가고 싶어서 객관식 문항을 빠르게 체크하고 행정실에 제출한다고 한다. 그래서 그런지 주관식 의견란은 늘 빈칸이었다. 그런데 이번에 받은 강의 평가는 특이하게 주관식 의견란이 빈칸이 아니었다. 혹여 수업에 대한 피드백인가 싶어서 기대하며 읽었다. 그런데 주관식 의견란을 다 읽고 나니 한 문장으로 요약되었다.

"선생님, 지각 좀 봐주세요."

수업 내용에 대해서는 한 마디도 없다가 지각에 대해 봐 달라고 써놓다니, 순간 효이 씨가 머릿속에서 떠올라 웃고 말았다. 지난 학기 내내 잦은 지각으로 유급할까 봐 어쩌면 그녀보다 내가 더 마음 졸였을지도 모른다. 그녀가 출석률 미달로 유급하지 않은 게 천만다행이었다. 이제는 효이 씨가 내 수업을 듣지 않으며 나도 더 이상 마음을 졸일 필요가 없어졌다. 하지만 효이 씨로 인해 마음을 졸였던 그 순간이 그리울 때가 있다.

 "효이 씨, 이제 지각하지 마세요."

초보 탈출 꿀팁 ⟩ 자주 지각하는 학생에 대처하는 법

한 번만 더 지각하면 무서운 선생님과 상담해야 한다고 협박(?)하는 방법이 있어요.

- 매일 보는 담임 선생님 대신 다른 선생님과 상담하면 며칠간 지각하지 않는 효과가 나타날 수 있답니다.

출석률 미달로 학생이 유급하지 않도록 신경 써야 해요.

- 지각 3회가 모이면 결석 1회가 된다는 것을 꼭 알려 주세요.

지각했다고 무작정 다그치기 전에 왜 늦었는지 물어봐 주세요.

- 학생을 혼내는 것보다 이해하는 게 더 중요합니다. 지각할 수밖에 없었던 사정이 있었는지 꼭 확인해 주세요.

#3

한국어?
혼자 말고 함께!

"에린 씨가 지금 무엇을 해요?"

"에린 씨는 지금 커피를 마셔요."

한국어 초급 1A 4과, 학생들이 현재 동작을 설명하는 대화를 듣고 따라 한다. 수업 시간에 내 말을 유달리 크게 따라 하고 대답하는 학생이 있었다. 왕위 씨는 참 씩씩했다. 반에서 한국어 실력이 뛰어나거나 발음이 특별히 좋은 편은 아니었지만 목소리만큼은 일등이었다. 워낙 자신 있게 대답하니 왕위 씨가 발음이나 문법이 틀려도 오히려 정답처럼 느껴질 정도였다. 그래서 왕위 씨의 쩌렁쩌렁한 오답을 그대로 따라 하는 학생들도 있었다.

왕위 씨는 의욕이 넘치면 나와 거의 동시에 말하기도 했다. 내 목소리가 왕위 씨의 우렁찬 목소리에 묻힐 정도였다. 그런데 이러한 왕위 씨의 학습 방법이 다른 학생에게는 방해가 되기도 했다. 그가 너무 크게 대답할 때 누군가는 살짝 짜증이 나는 표정으로 귀를 막았다. 원어민의 정확한 발음을 듣고 싶은 학생은 왕위 씨 때문에 불만이 쌓였다.

어느 날 수업이 끝나고 리나 씨가 그동안 참아왔다는 듯이 내게 항의했다.

"선생님, 왕위 씨가 너무 시끄러워요."

리나 씨는 조용히 듣는 것을 선호하는 학생이다. 평소 대화 연습을 할 때도 읊조리듯 조용조용 말했다. 말하기뿐만 아니라 듣기를 중요시해서 강사가 말할 때 다른 학생들은 조용히 해 주기를 바랐다. 그래야 원어민의 발음을 명확하게 듣고 이해할 수 있기 때문이다. 리나 씨처럼 정확한 발음을 익혀 말하기 연습을 하는 것이 초급 단계에서는 매우 중요하다.

반면 리나 씨와 달리 왕위 씨는 크게 말하며 학습하는 것을 선호했다. 강사의 말 하나하나 큰 소리로 따라 하며 말하기에 집중했다. 때로는 강사와 거의 동시에 말하며 한국어 연습을 했다. 귀로 들으면서 동시에 입으로 따라 말하는 방법인 쉐도잉(Shadowing) 방법을 즐겨 했다. 쉐도잉 방법은 귀와 입 모두를 트이게 하므로 초급 학습자에게 큰 도움이 된다.

이처럼 리나 씨와 왕위 씨는 학습 유형이 매우 달랐다. 어느 한쪽이 옳고 틀린 것이 아니라 각자에게 더 효과적인 학습 방법이 있을 뿐이었다. 강사인 내 말을 크게 따라 하며 공부하는 왕위 씨가 이해되었지만, 한편으로는 왕위 씨의 큰 목소리 때문에 내 말이 잘 안 들려 강사의 정확한 발음을 확인하기 어려운 리나 씨의 처지도 이해되었다. 두 학생의 학습 유형을 모두 파악하고 나니 어떤 조치를 취해야 할지 난감했다.

열심히 공부하는 왕위 씨에게 강사의 말을 그만 크게 따라 하라고 말할 수 없었다. 큰 소리로 친구들과 떠든 것도 아니고 열심히 따라 하며 공부한 것인데 그것을 제재할 명분이 부족했다. 혹여 왕위 씨가 상처받지 않을까 걱정도 되었다. 왕위 씨는 자기가 크게 대답하는 것이 다른 사람에게 방해가 될 것이라고는 생각도 못 할 것 같았다.

한편 내 목소리에 귀 기울이며 조용히 공부하고 싶어 하는 리나 씨를 외면할 수 없었다. 왕위 씨의 학습 방법만 옹호해 주면 리나 씨가 상처받을 게 분명했다. 이대로 두면 리나 씨는 물론 다른 학생들도 원어민의 정확한 발음을 제대로 듣지 못하고 왕위 씨의 틀린 발음으로 공부할 수도 있었다. 고민 끝에 나는 아무도 상처받지 않는 방법을 생각해냈다.

다음 날, 나는 학생들에게 나보다 먼저 발음하지 말고 우선 내 발음을 잘 들은 뒤 따라 하도록 했다. 왕위 씨가 나와 동시에 말하려고 하면 고개를 저으며 잘 들으라고 했다. 내가 말하고 그다음에 왕위 씨를 포함한 학생들이 말하는 패턴이 계속 이어졌다. 리나 씨의 표정을 슬쩍 살피니 꽤 만족스러운 듯했다. 하지만 왕위 씨를 보니 입이 근질근질한 표정이었다. 그런 왕위 씨가 자유롭게 대답하면서도 리나 씨가 불편하지 않은 수업을 할 수 없을까? 나는 서로 다른 학습 유형의 학생들을 만족시키고자 두 번째 고민에 빠졌다.

며칠 뒤 나는 리나 씨를 왕위 씨의 짝 활동 짝꿍으로 정해 주었다. 물론 리나 씨에게 원망 섞인 눈빛을 받아야 했다. 하지만 자리까지 바꿔가며 둘을 짝꿍으로 정한 것은 왕위 씨와 리나 씨가 서로를 이해하기를 바라는 마음에서였다. 둘은 처음에는 어색해했지만 짝 활동을 하며 친해졌다. 두 사람 모두 끊임없이 한국어로 이야기하며 열심히 연습했다. 서로 어느 정도 친해졌을까. 리나 씨는 더 이상 왕위 씨의 큰 대답을 거슬려하지 않았다. 왕위 씨도 적당한 목소리로 답해서 다른 사람에게 방해되지 않을 정도가 되었다.

한 반에는 다양한 학생들이 있다. 국적, 문화, 나이와 성격은 물론 학습 유형마저도 서로 다르다. 그중에는 왕위 씨처럼 큰 소리로 따라 하는 학생과 리나 씨처럼 조용히 듣고 싶은 학생이 있다. 한국어학당에서는 일대일 과외 수업이 아니라 여러 학생이 함께하는 수업이 이루어진다. 단체 수업의 특성상 한 사람에게만 맞춰 수업할 수 없다. 나의 학습 유형과 다른 학생들과도 함께 공부하며 불편함을 감내하며 공부해야 한다. 그렇다고 무조건 불만을 참으며 묵묵히 공부해야 한다는 뜻은 아니다. 수업 때 느꼈던 불편함을 이야기하며 개선점을 찾아야 한다. 학생들은 보통 수업 시간에 불만이 생기면 강사에게 주로 이야기한다.

다양한 학습 유형의 학생들이 조금이라도 불편하지 않게 한국어를 공부할 방법은 강사인 내가 아니라 학생들이 갖고 있었다. 한국어 공부라는 공통된 목표를 두고 매일 함께하기에 학생들끼리 더 잘 공감하기 때문이다. 타지에서 외국어를 공부하는 어려움을 누구보다도 잘 알기에 불편함을 극복할 방법을 찾고 서로를 배려할 수 있다. 한국인인 내가 미처 헤아려 주지 못한 부분까지 공감하며 서로 배울 수 있다. 학생들이 자신과 다른 학습 유형의 친구들을 이해하고 존중하여 함께 열심히 한국어를 공부하기를 기대한다. 그리하여 한국어 공부를 중도에 포기하는 학생 없이 모두가 무사히 진급하여 원하는 바를 이뤄내기를. 그것이 학생들이 혼자가 아닌, 반 친구들과 함께 한국어를 공부하는 값진 가치일 것이다.

🔍 초보 탈출 꿀팁 ▸ 언어 교육과 관련된 다양한 학습 유형

장 독립성(field independence) vs 장 의존성(field dependence)

- 장 독립성 유형: 주변 요인에 영향받지 않고 독립적으로 공부하고 스스로 분석하는 유형
- 장 의존성 유형: 전체적인 경험을 중시하고 일정한 규칙이나 방법을 따라 하는 유형

심사숙고형 vs 충동형

- 심사숙고형: 어떤 문제에 대해 깊이 생각하며 정확성을 중시하는 유형
- 충동형: 문제를 빠르게 해결하려고 하며 유창성을 중시하는 유형

시각적 vs 청각적 vs 운동 감각적

- 시각적 학습 유형: 그림이나 도표, 그래프 등 다양한 시각 정보를 보며 공부하는 것을 선호하는 유형
- 청각적 학습 유형: 강의나 음성을 들으며 공부하는 것을 선호하는 유형
- 운동 감각적 학습 유형: 신체적인 활동을 하며 공부하는 것을 선호하는 유형

－Brown, H. Douglas., Principles of Language Learning and Teaching, 이흥수 외 옮김.
『외국어 학습·교수의 원리』, 피어슨에듀케이션코리아, 2012.

#4

불량 귤의
눈물

귤 한 상자를 샀는데 잘 익은 귤 사이에 불량 귤이 섞여 있었던 적이
있다. 귤 일부분이 썩은 것을 보며 곰팡이 핀 부분만 떼고 나머지를 먹
을지 아니면 귤 통째로 버릴지 고민했었다. 귤 상자에 잘 익은 귤과 불
량 귤이 섞여 있듯이 한 반에는 강사의 말을 잘 듣는 학생만 있지 않고
모범생과 불량 학생이 함께 모여 있다.

에린 씨는 내게 불량 귤 같은 존재였다. 학기 첫날 그녀는 날카로운 커
트 머리에 커다란 해골이 그려진 까만 티셔츠를 입고 있었다. 귀에는 커
다란 피어싱을 하고 껌을 질겅질겅 씹고 있었다. 불량소녀나 다름없는
그녀의 겉모습을 보며 이번 학기가 쉽지 않겠구나 걱정하며 지레 겁을
먹었다. 성적이 좋지 않아 유급한 그녀는 지난 학기에 배운 내용을 다시
들어야 해서 불만이 가득했다. 그 불만을 나에게 풀기로 작정한 듯 수업

내내 지난 학기 수업과 비교하며 내가 하는 수업이 틀리다고 지적했다.

"아니에요. 지난 학기 선생님은 이렇게 안 가르쳤어요."

강사가 다르니 수업 시간에 제시되는 예문이 다를 수밖에 없는데 에린 씨는 걸핏하면 고개를 저었다. 수업을 제대로 듣지 않고 옆 친구와 모국어로 수군거렸다. 들으나 마나 나에 대해 안 좋은 얘기를 하는 게 뻔했다.

미꾸라지 한 마리가 온 웅덩이를 흐려 놓는다는 말처럼 반 분위기는 순식간에 에린 씨에게 휘말리면서 어수선해졌다. 첫날 수업 분위기는 그 학기를 좌우할 정도로 몹시 중요하다. 그래서 나를 포함한 동료 강사들은 학기 첫날 수업을 더욱 꼼꼼하게 준비한다. 하지만 수업을 준비한 노력이 허망해질 정도로 그날 수업은 엉망진창이었다. 내가 쓴 예문은 에린 씨가 자꾸 아니라고 하는 탓에 꼬이고 말았다. 평소라면 명확하게 전달했던 문법 설명도 횡설수설했다. 에린 씨를 의식하지 않고 수업하려고 했지만 마치 내가 틀리기를 바라는 것 같은 눈빛에 실수를 연발했다. 어떻게 우리 반에 이런 불량 학생이 들어왔지? 그녀가 자꾸 내 수업을 평가하고 지적해서 거슬렸지만 첫날이니 간신히 참고 넘어갔다.

학기가 지날수록 에린 씨의 일탈은 심해졌다. 수업 시간에 게임을 해서 휴대폰을 압수했더니 한국어 단어장을 떡하니 펴 놓고 딴짓을 했다. 그녀와 상담하며 타협점을 찾아보려 했지만 상담조차도 거부했다.

하루는 그녀가 얌전히 수업을 듣길래 이상하다 생각했다. 문득 그녀의 귀가 보였다. 한쪽에는 무선 이어폰이 걸려 있었다. 수업 시간에 대

놓고 내 말을 듣지 않겠다는 모습에 화가 머리끝까지 나서 뿔난 황소처럼 그녀에게 다가갔다. 다짜고짜 귀에 걸린 걸 내놓으라고 했다. 에린 씨는 눈이 동그래지면서 무선 이어폰을 내밀었다. 나는 그것을 바로 내 귀에 꽂았다.

"······."

불행인지 다행인지 아무 소리도 들리지 않았다. 무선 이어폰이 연결된 휴대폰을 살펴보니 음악도 켜져 있지 않았다. 에린 씨는 귀 한쪽에 무선 이어폰을 습관처럼 꽂고 있었을 뿐이라며 해명했다. 한쪽 귀로만 수업을 들으려는 태도가 어이없었지만 더 이상 그녀를 혼내기도 지쳐서 아무 말도 하지 않고 무선 이어폰을 돌려줬다. 에린 씨는 내 눈치를 보며 되돌려 받은 무선 이어폰을 가방 속으로 집어넣었다.

그 뒤 에린 씨는 밥 먹듯이 수업을 결석했다. 왜 학교에 오지 않냐고 연락해도 묵묵부답이었다. 잦은 결석에 에린 씨는 이번에도 유급을 하게 되었다. 오랜만에 학교에 온 그녀에게 내가 알릴 수 있는 것은 이번 학기 출석 미달로 다시 유급하게 되었다는 말뿐이었다. 그러나 또 유급한다는 이야기에 에린 씨는 울며 강하게 반발했다.

"다른 선생님은 유급하지 않게 출석을 잘 봐주셨는데 선생님은 왜 그래요?"

순식간에 분위기는 싸해졌고 학생들은 나와 에린 씨의 눈치를 보았다. 더 이상 할 말이 없는 나는 그녀를 조용히 상담 선생님께 보냈다. 에린 씨가 나가고 수업을 어떻게 마쳤는지 모르겠다. 수업 후 에린 씨가 자퇴했다는 소식을 듣고 나는 간신히 참았던 눈물을 왈칵 터뜨렸다.

사실 나는 누구보다도 에린 씨에게 좋은 선생님으로 인정받고 싶었다. 가르친 지 얼마 되지 않은 초보 강사에게 불량 학생은 제대로 지도해 보고 싶은 학생이었다. 유급생 에린 씨를 내가 꼭 모범생으로 바꿔놓겠다고 다짐했었다.

'자, 에린아, 지난 학기 선생님보다 내가 더 잘 가르치고 훨씬 친절하지 않니?'

에린 씨를 있는 그대로 바라보기보다 불량소녀라고 규정하며 '너는 잘못했고 무조건 내 말을 따라야 한다.'며 욕심을 부렸다.

에린 씨가 휴대폰 게임을 한다면 그것을 바로 뺏을 게 아니라 왜 게임을 하는지, 수업 내용을 잘 알고 있는지 물어보는 게 우선이었을 것이다. 무선 이어폰을 무작정 빼앗아 듣기보다는 수업 시간에는 다른 것을 듣지 말아야 한다고 타일러 주는 게 더 맞았을지도 모른다. 에린 씨에게 불량 강사가 되고 싶지 않은 나는 마지막까지 다른 선생님과 비교하는 그녀의 말에 눈물이 나왔다. 불량소녀라고 단정한 에린 씨에게 오히려 내가 불량 강사였겠구나. 에린 씨 자체를 이해하기보다는 좋은 선생님이 되고 싶은 욕심을 앞세웠으니 그녀는 내게 서운함을 느꼈을지도 모른다.

시간이 지나 강의 경력이 길어져도 나는 그때 에린 씨를 어떻게 대하면 좋았을지 정답을 찾지 못했다. 귤 상자에서 불량 귤을 그냥 버려야 할지, 썩은 부분만 떼어버려야 할지 여전히 고민하는 것처럼. 그 학기만큼은 진급하고 싶었을 텐데 선생님과 어긋나 일탈하며 한국어 수업을 포기하고야 말았던 에린 씨. 한국어 공부가 뜻대로 되지 않았을 테고 선생님마저도 자기 마음을 알아주지 못해 속상함에 눈물을 흘렸을 것이다.

그런데 그녀도 처음부터 불량 귤이 되고 싶었던 것은 아니었을 것이다. 아니, 불량 귤은 에린 씨가 아니라 나였을지도 모른다. 첫날 내가 설명을 우왕좌왕하지 않고 카리스마 있게 반 분위기의 주도권을 가져갔다면 에린 씨를 바로잡을 수 있었을까? 유급해서 똑같은 수업 내용을 다시 배우기 싫다는 에린 씨에게 발표 기회를 주며 수업 참여도를 끌어올렸다면 어땠을까? 자꾸 어긋났던 그녀를 제대로 보듬어 주지 못한 죄책감에 눈물이 났다. 끝내 에린 씨의 자퇴를 막지 못한 나는 그녀를 나중에 만나게 된다면 뒤늦게라도 불량 귤 대신 잘 익은 귤을 내밀고 싶다.

초보 탈출 꿀팁   **수업 태도가 불량한 학생을 만나면**

불량 학생으로 단정하기 전에 학생을 먼저 이해하는 것이 좋습니다.
- 왜 수업을 성실히 듣지 않는지, 평소 관심사가 무엇인지 파악해 보세요.

상담과 칭찬은 고래도 춤추게 합니다.
- 상담하며 일대일 대화를 나눠 보세요. 강사의 관심이 필요한 학생이 많아요.
- 숙제나 발표를 잘하면 칭찬해 주세요. 칭찬 한마디로도 수업 태도가 바뀔 수 있어요.

5

현대판 허생?
이생!

   조선 후기 소설 「허생전」에는 주인공 허생의 매점매석 행위가 나온
다. 매점매석이란 특정한 물건의 가격이 오를 것을 예상하여 그 물건을
한꺼번에 샀다가 팔기를 꺼려 쌓아 두는 것이다. 소설에서 허생은 한양
의 부자에게 돈을 빌려 과일을 시세의 두 배로 주고 사들였다. 얼마 뒤
나라 안의 과일이 모두 바닥나 제사상도 차리지 못할 지경이 되자, 그는
곳간에 쌓아 둔 과일을 열 배 이상의 값에 내다 팔았다. 그 뒤 조선 선비
들의 상투 머리에 쓰는 망건의 재료인 말총을 사들였는데, 이번에도 값
이 10배나 치솟아 백만 냥을 모았다. 허생의 이러한 매점매석 행위는 당
시 조선의 폐쇄적이고 취약한 경제 구조를 꼬집은 것이다.

   소설의 배경인 조선 시대와 달리 지금은 국가 간 장벽이 허물어져 경
제 구조가 더욱 커졌다. 그래서 허생과 같은 행위를 현실에서 찾기 어려

울 것으로 생각했다. 그런데 현대 사회에서도 매점매석이 가능했고 허생 노릇을 한 주인공은 먼 곳이 아닌, 내 곁에 아주 가까이 있었다.

몇 해 전 코로나19가 급격히 유행하며 감염병 예방을 위해 사람들은 하나둘 마스크를 쓰기 시작했다. 한국어학당의 분위기도 예전과 달랐다. 당시 중국 학생들로만 이루어진 반의 담임이었던 나는 무거운 분위기를 더욱 체감할 수 있었다. 작년까지만 해도 중국 학생들은 설 연휴를 앞두고 한창 들떠 있었다. 한국과 가까운 지역 학생들은 연휴 동안 잠시 고향에 가거나 가족이나 친구가 한국으로 와 함께 여행하기도 했다. 하지만 그해는 설 연휴를 제대로 즐길 수 없었다. 학교에서는 연휴 동안 출국 자제 공지를 내렸다. 출국했다가 돌아온 학생은 일주일간 자가 격리를 해야 했다. 학생이 자가 격리를 하는 동안 나는 각종 수업 자료를 SNS로 전달하고 매일 학생의 건강을 확인했다.

또한 해외에 다녀온 학생들뿐만 아니라 국내에만 머무르는 학생들도 세심히 살펴야 했다.

"여러분, 마스크를 쓰세요. 비누로 손을 씻으세요. 열이 나면 선생님께 이야기하세요."

매일 아침 체온 체크, 비누로 손 씻기 등 감염 예방 수칙을 칠판 한구석에 적고 이야기했다. 이전에는 중고급 단계의 어휘로 분류되었던 '마스크'는 초급 필수 어휘가 되었다. 행정실에서는 학생들에게 마스크를 나눠 주었다. 학생뿐만 아니라 강사도 마스크를 꼭 써야 했다. 학교 밖에서도 마스크를 찾는 사람들이 늘어났고 마스크 품귀 현상이 나타났다. 그래서 예전에는 쉽게 구할 수 있었던 마스크를 그때는 간신히 구할 수 있었다.

그러던 어느 날 타오 씨가 무단결석을 했다. 평소 출결 상황이 좋았던 그가 아무 말 없이 갑자기 빠진 것이다. 아무리 연락해도 받지 않았다. 다음 날에도 그는 학교에 오지 않았다. 혹여 아픈 건 아닌지 행정실에 신고해야 하나 고민하던 차에 타오 씨가 사진 한 장을 보내왔다. 사진을 본 나는 입이 떡하니 벌어졌다. 타오 씨가 보내온 사진에는 마스크가 잔뜩 쌓여 있었다. 나는 그렇게나 많은 마스크 더미를 태어나서 처음 봤다. 기겁하며 당장 타오 씨에게 전화했더니 휴대폰 너머로 그의 목소리가 흘러나왔다.

"선생님, 미안해요. 저는 마스크를 사러 공장에 왔어요."

그렇다. 타오 씨는 마스크 공장에 있었다! 마스크를 구하기 어려워지자 사람들은 마트나 약국에서 사재기를 했다. 타오 씨는 마트나 약국에서 마스크를 사는 것도 모자라 마스크 공장의 생산 라인을 통째로 털을 태세였다. 그의 모습은 현대판 허생이나 다름없었다. 타오 씨는 허생이라기보다 성이 이 씨이니, 이생이라고 부르는 것이 더 적절할지도 모르겠다.

다음 날 학교에 온 타오 씨에게 마스크를 왜 이리 많이 샀는지 물었다. 마스크를 구할 수 없는 고향 사람들에게 보내기 위해 샀다고 했다. 또 일부는 주변 사람들에게 나눠 주겠다고 했다. 실제로 그는 우체국에 가서 마스크가 가득 담긴 상자를 택배로 보냈다. 나와 반 친구들에게도 마스크를 나눠 주었다. 그러고도 남은 마스크는 적당한 가격에 팔았다.

한국어 수업을 뒤로 하고 마스크 공장으로 갔던 타오 씨. 나는 그 모습이 처음에는 그저 기발하다고 생각했다. 감염병이 대유행하는 상황에서 나와 지인들이 마스크를 써서 건강을 지키는 것이 우선이지, 공부가 대수일까. 한국에 유학하러 와서 한국어를 공부하는 것이 중요하지만 공부만이 전부는 아니다. 한국어 공부만 할 것이라면 자국에서도 방에 틀어박힌 채 공부해도 되었을 것이다. 그런데도 먼 타국으로 유학하러 온 이유는 졸업 후 자기 꿈을 이루고 싶은 마음에서였을 것이다. 유학 생활이 어찌 즐겁기만 할까, 힘든 일이 있어도 친구들과 기쁨, 슬픔을 나누며 견디고 있었다.

그런데 곰곰이 생각하니 그가 마스크를 매점매석한 것은 폭리를 취하기 위해서가 아니었다. 친구들과 고향 사람들에게 나눠 주기 위해서였다. 한국어를 배우며 한국 문화의 정(情)을 어느새 배운 걸까. 그는 타지에서 코로나19가 퍼지며 생긴 두려움을 지인에 대한 정으로 승화했다. 그 마음은 마스크 공장에서 극대화되었을 것이다. 감염병이 유행하며 자기만 살고자 이기심을 드러내기 쉬워질 시기에 타오 씨는 오히려 이타심을 발휘하고 있었다.

「허생전」에서 허생은 매점매석으로 많은 돈을 벌어 사람들의 부러움을 한 몸에 받는다. 하지만 허생은 한탄한다.

"1만 냥만 가지면 팔도를 뒤흔들 수 있으니 심히 한탄스럽도다!"

허생 역시 개인의 이익을 취하기 위해 매점매석 행위를 한 것이 아니었다. 그의 행위는 조선 사회의 취약한 경제 구조를 시험하고 이를 꼬집기 위해서였다.

거창하게 허생처럼 이기심이 극대화되는 현 상황을 꼬집는 건 아닐지라도 타오 씨의 행동은 어쩌면 감염병이 유행하는 시기일수록 이타심을 발휘해야 한다는 마음에서 나온 것이 아니었을까. 타오 씨와 친구들, 그의 고향 사람들이 아무도 아프지 않고 건강하기를 바라는 마음에 나는 그에게 마스크를 사재기하면 안 된다고 차마 말할 수 없었다. 대신 타오 씨가 한국 유학 생활을 건강하게 마치고 고향으로 돌아가 꿈을 이루기를 간절히 응원했다.

초보 탈출 꿀팁   자주 지각하는 학생에 대처하는 법

그냥 지나치지 말고 왜 학교에 오지 않았는지 물어봐 주세요.

- 늦잠 등 단순한 이유 외에도 건강, 연애, 쇼핑 등 다양한 이유가 있습니다.
- 무단결석한 이유를 알면 학생의 평소 생활, 관심사, 목표 등을 파악할 수 있습니다.

6

제자가 아닌
친구가 되고 싶어요

추운 겨울 고슴도치 두 마리가 서로에게 가까이 붙어 온기를 나누려
했다. 그러나 몸에 난 가시 때문에 상대에게 가까이 붙으면 붙을수록 서
로의 가시에 찔려 아파했다. 그렇다고 상대와 멀리 떨어지면 온기가 사
라져 얼어 죽게 될 것이 뻔했다. 고슴도치들은 서로에게 붙었다 떨어지
기를 몇 차례 반복하다 온기를 유지하면서도 서로 아프지 않게 하는 거
리를 찾았다. 가까이 붙어 있는 것보다 적절한 거리를 유지하는 것이 오
히려 완벽한 상태에 이를 수 있다. 심리학에서는 이것을 '고슴도치 효과'
라고 한다. 가족, 연인, 친구 간에도 서로 온기를 나누는 두 마리의 고슴
도치처럼 적절한 거리가 필요하다. 선생님과 학생 사이에서도 그렇다.

선생님과 학생 사이가 철천지원수처럼 나빠서도 안 되지만 그렇다고
소꿉친구처럼 너무 거리가 가까워도 마냥 좋은 것은 아니다. 지나치게

친하면 수업 내용보다 사적인 이야기에 더 주목하게 되어 진지하게 수업하기가 어렵다. 친구처럼 편해져 서로 존댓말보다 반말을 사용하게 될 수도 있고 그러다 보면 예의를 갖추지 못하게 될 수 있다. 또 학생의 성취도를 평가할 때 개인적인 감정이 개입되어 공정하게 평가하기 어려워질 수 있다.

게다가 일대일 과외로 가르치는 것이 아니라 단체 수업을 한다면 한 반을 이끄는 선생으로서 특정 학생을 편애해서도 안 된다. 강사도 사람인지라 수업하며 한 학생을 조금 더 특별히 아낄 수 있겠지만 다른 사람이 눈치챌 정도로 티 내는 것은 좋지 않다. 한 명도 빠짐없이 모두가 함께하는 수업 분위기를 만들기 위해서는 반 학생들과 일정하게 약간의 거리를 두는 태도가 필요하다.

강사뿐만 아니라 학생들 역시 사제 간 거리를 고민한다. 그런데 학생들 성격이 제각각이듯 저마다 원하는 거리가 달랐다. 어떤 학생은 비즈니스적인 관계를 원한다. 강사가 수업 시간에 한국어를 가르치는 것 외에는 바라지 않는다. 외국인 유학생의 비자 조건에 따라 출결 관리를 위해 결석이 잦은 학생에게 연락하면 달가워하지 않는다. 수업 외 사생활에 간섭하지 않기를 원한다. 또 어떤 학생은 엄마와 자식 같은 관계를 원한다. 수업 후에도 강사가 학생들을 여러 번 상담하며 학생의 고민을 들어 주고 엄마처럼 챙겨 주기를 원한다. 다른 학생은 친구 같은 관계를 원한다. 수업이 끝나고 자유 시간이 생겼을 때 함께 놀고 싶어 한다.

마지막 유형의 학생들을 대할 때 나는 거리를 고민했다. 학생들과 친구가 될 수 있다는 것은 오히려 감사한 일이다. 서로를 향한 호의에서 출발하여 친근감이 쌓이며 친구가 되는 것이고 우정에는 국적과 나이가 문제 되지 않는다. 글로벌한 친구를 통해 젊어지는 기분도 들고 새로운 언어와 문화를 배울 수 있다. 다만 학기 중에는 반 분위기와 평가의 공정성을 위해 어쩔 수 없이 거리를 두어야 했다. 학기가 지나 내가 그들을 더 이상 가르치지 않게 되어 서로의 얼굴을 보기 힘들면 친구처럼 가까워질 것 같던 사이도 자연스레 소원해지기도 했다.

그런데 다른 반이 되거나 졸업 후에도 여전히 나를 찾아오는 학생들이 있다. 이들은 대부분 내가 해외에서 가르친 학생들이다. 국내에서 가르친 학생들은 졸업 후 대부분 고향으로 돌아간다. 하지만 해외에서 가르친 학생들은 졸업 후 여행, 유학, 취업 등을 이유로 한국을 찾아오는 경우가 종종 있었다.

예를 들어 중국 학생 셀린은 한국의 공연 문화에 관심 있어서 졸업 후에도 한국의 연극이나 뮤지컬을 보러 한국에 자주 온다. 그래서 그녀가 한국에 올 때면 함께 뮤지컬을 보기도 했다. 한국어학당 교실에서 한국어 교재에 관해서만 이야기하다가 어학당 밖에서 뮤지컬에 관해 이야기하니 감회가 남달랐다. 또 다른 학생 트루디는 한국어를 배우는 동안 K-POP에 관심이 많고 노래도 잘 불렀는데 졸업 후 가수가 되었다. 그 학생은 내 결혼식 때 축가를 불러 주었다. 셀린과 트루디는 여전히 내게 존댓말을 하지만 나를 더 이상 선생님이라고 부르지 않고 언니라고 부른다.

이렇게 학생이 먼저 내게 다가올 때 나는 몹시 고마우면서도 서로의 거리가 너무 가까워지는 것이 어색했다. 아마 고슴도치의 가시에 찔릴까 봐 겁이 난 것일지도 모른다. 강사와 학생도 고슴도치처럼 서로의 거리가 필요하다. 그런데 이 거리가 고정적이지 않고 유연해서 시간이 지나며 변할 수 있다. 확고해 보였던 거리가 점차 좁아지며 나는 학생들과 친구가 될 수 있다. 한국 사람끼리도 마음 맞는 친구를 사귀기는 어려운 일인데 국적과 문화가 다른 친구를 사귀는 것은 오죽할까.

각박한 세상에서 국적과 문화가 다른 우리가 서로를 보듬어 줄 수 있다면 추운 겨울이 더욱 따뜻해질 것이다. 혹시나 서로의 가시에 찔리는 상황이 오더라도 나는 기꺼이 가시에 찔려 함께 아파하고 싶다. 한국어를 가르치며 다양한 학생들을 만나는 것은 참 소중한 기회이다. 나아가 이들과 글로벌한 우정을 키울 수 있다면 한국어 강사만이 누릴 수 있는 특권이 아닐까. 내가 여러 직업 중에서 고액 연봉과 안정성과는 거리가 먼 한국어 강사를 택한 여러 이유 중 하나이다.

🏹 **초보 탈출 꿀팁** 　　**학생이 강사와 친구가 되고 싶어 한다면**

학기 중에는 특정 학생하고만 가까워지는 것을 참아 주세요.
- 다른 학생들이 질투를 느낄 수도 있어요. 학생들은 눈치가 빠릅니다.
- 한국어를 진지하게 공부하기 위해서는 강사와 학생 간 약간의 거리가 필요합니다.

학생과 친구가 되는 것은 굉장히 소중한 기회입니다.
- 학기가 끝난 후 서로를 보듬으며 그동안의 거리가 가까워지는 것을 느껴 보세요.

1

초급만 가르쳤더니
내 한국어도 초급이 되었네

초보 강사 시절 세 학기 연속으로 한국어 초급반만 가르친 적이 있었다. 한글과 초급 문법만 가르친 것이다. 한국어 강사가 막 되었을 때는 외국인 학생들과 한국어로 자유롭게 이야기를 나눌 줄 알았다. 하지만 현실은 짧은 문장으로 간신히 대화를 이어가는 것이었다.

"어제 뭐 했어요?"

"게임을 했어요."

"수업이 끝나고 뭐 할 거예요?"

"친구를 만날 거예요."

"네."

이러한 대화만 나누다 보니 어느덧 한국어 강사에게 찾아오는 직업병이 내게도 찾아왔다. 식당이나 가게에 가면 나도 모르게 손가락으로 메

뉴판이나 물건을 가리키며,

"이거 얼마예요? 하나 주세요."라고 말했다.

영락없는 한국어 선생님 어투다. 며칠 전에 초급 수업 시간에 했던 '물건 사기 활동'을 하다니…. 몸은 퇴근해도 마음은 늘 초급반에 머물던 시절의 이야기다.

그런데 학생들의 한국어 실력은 초급이어도 생각은 당연히 초급이 아니었다. 하루는 문법 '동사+ -은 지+시간+이/가 되다'를 가르치는 날이었다. 학생 한 명씩 '일어난 지 두 시간이 되었다.', '한국에 온 지 6개월이 되었다.' 등의 문장을 만들고 있었다. 그러던 중 한 학생이 나를 보고 씨익 웃으면서 말했다.

"선생님, 가르친 지 얼마나 되었어요?"

학생의 당돌함에 나도 썩소를 지으며 맞받아쳤다.

"비밀이에요."

1년 가까이 초급만 가르친 탓일까 내 한국어도 어느새 초급이 되었다. 초급 이외의 단어는 자주 사용하지 않다 보니 일상에서 중고급 단어는 잘 생각나지 않았다. 디지털 치매*인가 싶어서 SNS 금식을 선언하며 휴대폰과 컴퓨터의 사용 시간을 줄였다. 그리고 책을 펼쳤는데 단어가 낯설고 내용이 어렵게 느껴졌다.

"그 집 딸이 개혼**이던데."

---

* 디지털 기기에 지나치게 의존하여 기억력이 떨어지는 증세
** 한집안의 여러 자녀 가운데 처음으로 혼인을 치름. 또는 그 혼인.

'개혼이 뭐지?'

어휘력이 하루가 다르게 줄어드는 것이 느껴졌다. 어디 가서 국문과 출신이라고 말하기 부끄러울 정도였다. 언제쯤 초급반에서 벗어나 중급반, 고급반을 가르칠 수 있을지 장담할 수 없었다. 억지로라도 책을 읽지 않으면 어휘력은 계속해서 퇴화할 것이다!

위기감에 독서 모임에 급하게 가입했다. 매주 희곡 작품을 읽고 독후감을 쓴 뒤 토론하는 모임이었다. 각자 한 인물의 배역을 맡아서 실감나게 희곡 대본을 읽은 뒤 작품을 토론했다. 토론한 희곡 작품이 공연으로 올라오게 되면 시간을 맞춰 함께 연극 공연을 보러 가기도 했다.

독서 모임까지 하며 초급 한국어에서 벗어나고자 했던 나의 노력은 드디어 보상받을 기회를 맞았다. 다음 학기에 한국어 중급반으로 배정을 받은 것이다. 처음으로 중급반을 가르치게 되어 신이 났다. 하지만 한편으로는 학생들이 나보다 한국어를 더 잘하면 어떡하나 긴장한 채 수업에 들어갔다. 그날은 문법 '동사+ -을 필요가 있다'를 가르치는 날이었다. 책에는 예시 대화가 제시되어 있었고 '가'의 질문에 배운 문법을 활용하여 '나'의 대답으로 말하면 되었다.

> 가: 이번 달이 2주나 남았는데 이것저것 사느라고 생활비를 다 써 버렸어.
>
> 나: 벌써? _____

이때 '너는 생활비를 아껴 쓸 필요가 있어.'와 같이 말하면 적절한 대답이 된다. 다른 학생들도 비슷한 내용으로 대답했다. 그런데 한 학생이 심각한 표정을 지은 채 말했다.

"벌써? 너는 생각이라는 걸 할 필요가 있어."

대답을 들은 순간 무서워졌다. 자칫하면 학생이 이번 학기 강의 평가에 이렇게 쓸 것 같았다.

'선생님은 생각이라는 걸 할 필요가 있어요(!)'

상상만으로도 등골이 섬뜩했다. 귀여운 초급반 학생들이 눈앞에 아른거렸다. 얘들아, 한국어를 서투르게 말해도 좋으니 부디 구박만 하지 말아다오.

초보 탈출 꿀팁 ▸ 초급 한국어를 가르칠 때 겪는 어휘력 저하 예방법

한국어 교재만 보지 말고 다른 분야의 책을 읽어 보세요.
- 소설이나 자기계발서 외에도 긴 지문이 포함된 비문학 책을 읽어도 좋습니다.

독서 모임에 가입해서 책을 꾸준히 읽고 여러 사람과 토론하는 것도 좋아요.
- 독서 모임에 가입한다면 한 달에 최소 1~4권의 책을 꾸준히 읽을 수 있답니다.

인터넷 기사를 꾸준히 읽어도 어휘력 저하를 예방할 수 있어요.
- 경제, 사회 이슈를 다루는 기사를 읽어 보는 것도 좋습니다.

2

수업 없는 날
뭐 하세요

첫해에 일했던 한국어학당에서 배정받은 수업 시수는 주 14시수였다. 당시 내가 받을 수 있는 수업 시수를 최대한 받은 셈이다. 한국어 강사는 계약 형태에 따라 주 30시수, 주 20시수도 받을 수 있다. 하지만 학교와 초단시간 근로 계약을 하였다면 강사가 받을 수 있는 수업 시수로는 주 14시수가 최대이다. 한국어 강사를 '초단시간 근로자'로 규정한다면 주 15시간 미만으로 일해야 하기 때문이다. 이럴 때 강사가 받을 수 있는 수업 시수는 주 14시수 외에도 주 12시수, 주 10시수, 주 8시수 등이 있다.

주 14시수란 한 주에 열네 시간 수업하는 것이다. 예를 들어, 오전 수업을 배정받았다면 오전 9시부터 오후 1시까지, 하루 최대 네 시간 수업한다. 그렇게 3일간 네 시간 수업하고 다른 하루는 두 시간 수업하고 나

면 평일 중 하루는 수업이 없다. 누군가는 일주일에 열네 시간만 일해도 된다며 부러워했을지도 모른다. 하지만 부러워하기 전에 잠깐! 맹점이 있다. 여기서 열네 시간은 총 근무 시간이 아니라 수업 시간만을 의미한다. 즉 수업을 준비하는 시간, 수업 후 회의 시간, 숙제 검사 및 시험 채점 시간, 학생 상담 시간 등은 제외된 것이다. 급여 역시 수업 시수에 따라 시급으로 받기에 이러한 시간에 대한 보상은 받지 못한다.

초보 강사인 나는 수업 없는 날에도 온전히 쉬지 못했다. 휴일에도 다음 수업 교안을 짜기 바빴다. 초보일 때는 한 시간짜리 교안을 작성하는 데에도 몇 배의 시간이 걸린다. 교안을 다 만들었다고 끝이 아니다. 초급반이면 PPT, 단어 카드 등 수업 자료가 더 필요하다. 한참 수업 자료를 만들고 나면 거울 앞에 서서 학생들 앞에서 수업하듯 시연했다. 그렇게 수업 준비를 하니 어느새 하루가 저물었다.

일하느라 미뤄 두었던 운동이나 할 겸 산책을 나왔다. 때마침 학생에게 연락이 왔다. 내가 산책하려는 것을 어떻게 알고 딱 타이밍을 맞춰 연락하는지.

"선생님, 제가 2월 14일 수료식에 가지 않아도 될까요? 저는 아마도 2월 14일 정오에 비행기표를 예약할 것입니다."

한국어가 서툰 이 학생은 내게 연락하기 위해 아마도 번역기를 사용했을 것이다. 번역기를 붙잡고 고군분투했을 학생의 모습이 눈에 아른거린다.

그날 강사는 수업이 없어도 학생은 한국어 수업이 있다. 한국어학당의 학생들은 매일 최소 4시간씩 한국어 수업을 듣는다. 내가 수업하는 날 외에 다른 날에는 다른 강사에게 수업을 듣는다. 학생들의 한국어 공부를 멈추게 할 수 없기에 내가 수업하지 않는 날에 연락이 오면 함부로 외면할 수 없다. 한국어학당에 출근하지 않았어도 마음은 그곳에 있다. 학생들의 연락은 보통 간단하게 답할 수 있는 게 대부분이다. 하지만 일부는 바로 처리할 수 없는 것도 있다. 그럴 땐 어쩔 수 없이 다음 날로 넘겨야 한다.

그런데 학생들이 근무 시간에만 연락하는 것도 아니다. 늦게 자는 학생들은 밤늦게 한국어 질문을 할 때도 있다. 학생들에게 내가 일찍 잔다고 말해도 소용없다. 숙제는 자기 전에, 시험공부는 전날 밤새워서 하는 학생들이 많다 보니 주로 늦은 시간에 질문이 많이 들어온다.

주변 사람들은 물론이고 학생들도 종종 내게 묻는다.

"선생님, 수업 없는 날 뭐 하세요?"

내 대답은 비슷하다.

"수업 준비하고 여러분 질문에 대답하고⋯."

한동안은 이렇게 말했다가 이제는 이렇게 대답한다.

"수업 없는 날에도 일해요."

이처럼 시간 강사는 수업 없는 날에 쉬는 것처럼 보이지만 쉴 틈이 없다. 초보 강사에서 탈출하여 고수 강사가 되면 여유가 생길까 기대했다. 동료 강사로부터 가르친 지 3년쯤 지나면 당장 어느 반에 들어가도 당황하지 않고 수업할 수 있다고 들었기 때문이다. 나도 언젠가 그런 날이 오기를 기대했다. 하지만 가르친 지 3년이 지났어도 수업 없는 날 함부로 게으름을 피우기 쉽지 않았다. 그날 갑작스럽게 학교나 학생에게 연락이 오기도 했고 미뤄둔 일을 처리하고 나면 하루가 금방 지나갔기 때문이다.

다만 경력이 쌓이며 수업 없는 날에 변화가 생긴 것은 일만 하지 않고 적절히 쉬기 시작했다는 것이다. 수업 준비를 다 하고 나면 집 근처 공원에 가서 산책하거나 운동하는 등 건강을 챙기기 시작했다. 적당히 쉬며 건강을 챙겨야 더욱더 오래, 잘 일할 수 있다는 것을 깨달았기 때문이다.

수업 없는 날 가장 중요한 할 일은 다음 수업 준비보다도 건강 챙기기일 것이다. 혹여 아프기라도 하면 수업을 할 수 없어서 대강을 요청해야 한다. 이러한 불상사를 막기 위해서는 휴식을 충분히 취하고 꾸준히 운동하여 건강을 잘 챙겨야 한다. 돈보다 더 중요한 것은 바로 건강이다. 수업 시간에 따라 시급을 받는 시간 강사에게 '수업 없는 날'은 '돈이 없는 날'이기도 하다. 이날 돈을 못 챙긴다면 대신 황금 같은 건강을 챙겨 보는 것은 어떨까.

초보 탈출 꿀팁 ▶ 수업 없는 날의 시간 관리

미리 미리 수업 준비하기!

• 교안 작성은 물론 PPT, 단어 카드 등 수업 자료까지 준비하세요.

언제 올지 모르는 학생의 연락에 대비하기!

• 늦은 시간에 연락하는 학생들에게는 되도록 일찍 연락하라고 말하세요.

퉁퉁 부은 다리 부기 빼기!

• 장시간 서 있는 강사는 밤에 다리가 붓기 쉬워요. 잠을 잘 때 다리를 베개 위에 올려두고 자면 다리가 붓는 것을 예방할 수 있어요.

황금 같은 건강 챙기기!

• 틈틈이 운동하며 체력을 다져야 해요. 하루 4시간 이상의 수업을 하려면 체력이 중요합니다.
• 따뜻한 차를 마시거나 프로폴리스 스프레이를 뿌리며 목 건강도 잘 관리해야 합니다.

방학인데
아무도 안 놀아 줘요

한국어학당은 보통 1년에 네 번 방학이 있다. 봄 방학, 여름 방학, 가을 방학, 겨울방학이다. 이는 한 학기가 10주로 구성되어 있어 가능한 일정이다. 예를 들어, 봄 학기에 10주간(약 200시간) 수업하고 나면 약 2주간 방학이 시작된다. 방학이 끝나면 여름 학기가 시작되는 식이다. 물론 일부 학교는 대학교 학부 수업처럼 한 학기가 15주인 대신 봄 방학과 가을 방학이 없고 한 달 이상의 여름 방학과 겨울 방학이 있는 때도 있다.

나는 방학을 맞이하여 친구와 여행을 떠나려고 계획했다. 아, 그렇지만 친구와 휴가 기간이 맞지 않는다. 많은 직장인이 여름 중 가장 더운 시기나 겨울 연말에 휴가를 떠난다. 그 시기는 한국어 수업이 한창일 때다. 반면 내가 방학이어서 수업이 없을 때는 친구가 한창 바빠서 휴가를 쓸 수 없다. 나와 친구 모두 직장인이지만 묘하게 휴가 기간이 다르다.

결국 방학인데도 자연스레 주로 만나는 사람이 다른 동료 한국어 강사들이다. 그런데 이마저도 쉽지 않을 때가 있다. 한국어학당의 개강, 종강 날짜가 학교별로 천차만별이기 때문이다. 다른 학교에서 일한다면 방학 기간이 미묘하게 달라서 서로 만나지 못할 때도 있다. 또 같은 학교에서 일한다고 해도 방학 때마저 만나기는 쉽지 않다.

방학 때 가끔 학생의 연락이 오기도 한다.

"선생님 질문이 있어요."

기특하게 방학인데도 한국어를 공부하는 학생이 있다. 안 그래도 한국어를 가르치지 않아서 좀이 쑤시던 참이었는데 마침 잘 되었다. 기쁜 마음에 얼른 대답한다. 한국어를 질문할 때 외에도 안부 인사를 하려고 연락이 올 때도 있다.

"선생님 잘 지내세요?"

얼마 전 한국어학당을 졸업한 학생이다. 수업 시간이 아닌 방학 때 학생과 만나면 오랜만에 보는지라 참 반갑다.

한국어 강사가 된 뒤 1년에 네 번씩이나 맞이하는 방학에 처음에는 기분이 좋았다. 일반 회사에서 일한다면 이러한 기회는 얻을 수 없는 한국어 강사만이 누릴 수 있는 특권이다. 그러나 한두 번 방학을 지내고 나니 이 기회가 마냥 좋은 것만은 아니라는 것을 깨달았다. 시간 강사로 학교와 계약했다면 수업 시간에 따라 시급이 지급되기 때문에 수업이 없는 기간에는 시급이 없다. 즉 방학에는 월급이 없다. 계약 기간이 한 학기(10주)이고 매 학기 계약을 갱신한다고 해도 방학 때 백수 생활을 하며 캄캄한 미래에 불안할 수밖에 없다. 자유 시간이 많아졌다. 하지만 마음 놓고 놀 수 없었고 함께 놀 사람도 없었다. 그래서 차라리 빨리 개강해서 동료 강사와 학생들을 만나고 수업하느라 바빴으면 했다.

한 해가 지나니 여러 번 맞이하는 방학에 익숙해졌다. 이제는 혼자서도 잘 논다. 학기 동안 미뤄뒀던 취미 생활을 한다. 메이크업 수업, 마카롱 베이킹 수업 등 배우고 싶었던 원데이 클래스를 듣는다. 때로는 다른 동료 강사와 놀기도 한다. 한국어 강사의 방학 때는 많은 사람이 여행을 가지 않는 비수기이다. 국내나 해외 어디를 가든 덜 붐비고 할인을 많이 받을 수 있어서 여행 경비가 상대적으로 적다.

방학 때 수입이 없기에 마냥 놀지만은 않는다. 기회가 되면 부업도 한다. 다만 방학 기간이 2주뿐이어서 한 달을 온전하게 일할 수 있는 것이 아니다. 방학 기간과 아르바이트 근무 기간이 잘 맞아야 한다. 여러 단기 아르바이트를 하면서 방학 때 할 수 있는 부업을 찾았다. 내가 한 아르바이트 중 하나는 내 전공인 국어국문학을 살리는 일이었는데 바로 논술 학원에서 학생 답안을 첨삭하는 일이다. 이 일은 보통 수능이 끝나고 수시 논술 시험을 보기 직전까지 일주일간 바짝 일한다. 마침 가을 방학 기간과 딱 맞아서 적절한 아르바이트이고 학생들 답안을 첨삭하며 정신없이 일하다 보면 가을 방학이 금방 지나간다.

방학 맞이에 익숙해지면서 나는 이제 더 이상 방학인데 아무도 놀아주지 않는다고 좌절하며 쓸쓸해지지 않는다. 방학 때 무엇을 할지 몰라 무기력해지지 않는다.

"방학 때 뭐 하세요?"

"이번 방학 때 여행 간다며?"

나뿐만 아니라 다른 강사들 역시 방학 전부터 방학 계획을 세우느라 설레고 바빴다. 이윽고 방학이 되었다. 학기 중 아침에 일어날 때는 그렇게 피곤했는데 방학 첫날에는 일찍부터 눈이 떠졌다. 방학 계획을 하나씩 달성할 생각에 늦잠을 잘 틈이 없었다.

한국어 강사는 저마다 방학을 알차게 보내느라 학기 때보다도 더욱 바쁘다.

초보 탈출 꿀팁 ▶ 방학 알차게 보내기

- 학생 질문에 대비하며 한국어 공부와 수업 준비를 해도 좋아요.
- 봄, 가을 방학 때 여행 가면 비수기라 더욱 저렴하게 갈 수 있어요.
- 새로운 활동에 오랜 시간과 비용을 투자하기 부담된다면 원데이 클래스와 같이 단시간에 즐길 수 있는 취미 생활을 누려 보세요.
  - ▶ 숨고, 탈잉, 크몽 등 전문가 매칭 플랫폼에서 관심 있는 온오프라인 원데이 클래스를 찾아보세요. (예: 메이크업 수업, 베이킹 수업 등)
- 학기 중에 일하며 다른 아르바이트를 하기 부담스러웠다면 방학을 기회 삼아 단기 아르바이트를 해 보는 것도 좋아요. (예: 논술 답안 첨삭 아르바이트)

'일하지 않는 나'
키우기

회사에서 속상한 일이 생겼을 때 퇴근 후에도 그 일이 잊히지 않아 한창 스트레스를 받은 적이 있었다. 그때 친구가 내게 이런 조언을 해 주었다.

"회사 일은 회사에 두고 집에 가야 해."

회사에 있을 때는 고된 업무에 둘러싸여 끙끙거릴지라도 퇴근하고 나서는 회사 일을 곱씹으며 속상해하지 말고 빨리 잊어버리라고 권유한 것이다.

우리의 자아는 한 가지 자아만 있는 것이 아니다. 사람은 일만 하는 로봇이 아니다. 일이 끝나면 충분한 휴식을 취하고 여가 생활을 즐겨야 한다. 즉 '일하는 나' 외에도 '일하지 않는 나'가 있는 것이다. 두 자아를 구분하는 경계가 명확할수록 업무 스트레스를 덜 받는다고 한다. 회사에 좋은 일만 있을 수 없기에 힘든 일이 생겨도 잘 견뎌 내기 위해서는 일하지 않을 때의 자아도 함께 성장해야 한다. 두 자아를 잘 키운다면 궁극적으로는 회사 생활을 오래 할 수 있다고 하였다.

그런데 나는 초반에는 퇴근 후 별개의 자아를 가지기가 어려웠다. 학교 밖에서도 '여러분'이라는 단어가 습관처럼 나오고 초급 한국어 말투를 사용하는 직업병까지 안고 있었다. 침대에 누워 눈을 감고 있으면 학교에서 있었던 일이 파노라마처럼 펼쳐졌다. 자기 전에 내일 수업 때 제시할 예문들이 머릿속을 둥둥 떠다녔다. 그런 하루가 반복되다 보니 하루는 꿈에서도 한국어를 가르치고 있었다. 꿈에서조차 열심히 일하니 전혀 쉬는 기분이 들지 않았고 금방 지쳐 번아웃이 오면 어떡하나 걱정되었다.

조금이라도 쉬는 기분을 갖기 위해서는 퇴근 후에는 한국어 수업을 잊어야겠다고 결심했다. 그래서 퇴근 후 다른 아르바이트를 하며 일종의 부업을 시작했다. 논술 첨삭을 하고 데이터 입력을 하는 등 단기 알바를 틈틈이 했다. <표준국어대사전>에서 '직업'은 생계를 유지하기 위하여 자기 적성과 능력에 따라 일정한 기간 계속하여 종사하는 일이다. 이에 반해 '아르바이트'는 짧은 기간 동안 돈을 벌기 위해 자신의 본업 외에 임시로 하는 일이다. 직업이든 아르바이트든 둘 다 일인 것은 마찬가지지만 생계유지의 목적도 아니고 기간도 짧은 아르바이트를 통해 내 자아를 키우기에는 역부족이었다.

취미를 가져볼 생각으로 억지로 운동 학원에 등록해 보았는데도 그때뿐이었다. 운동이 끝나고 다시 한국어학당이 새록새록 생각났다. 이쯤

되니 '일하지 않는 나'를 '일하는 나'와는 완전히 별개의 자아로 만드는 것은 반쯤 포기했다. 대신 일하지 않을 때 나는 무엇을 하며 보내기 좋아하는지를 고민하였다. 그러던 차 우연한 기회에 두 자아를 모두 성장시킬 방법을 찾았다.

평소 웹소설을 즐겨 읽던 나는 우연히 웹소설 쓰기 강의를 듣게 되었다. 자신의 사례나 가까운 곳에서 이야기가 시작된다는 말을 들으며 한국어학당이 떠올랐다. 글쓰기를 좋아했던 나는 한국어 강사를 주인공으로 한 웹소설 쓰기를 시작했다. 마침 퇴근 후에는 한국어 수업이 잊히지 않아서 고민이었는데 웹소설을 쓰면서는 억지로 잊을 필요가 없었다. 한국어를 가르치는 캐릭터와 스토리 구상부터 내내 한국어 수업을 머릿속에 그렸다. 하지만 일하는 기분이 들지 않았다. 한국어 수업을 새로운 관점에서 바라보는 재미에 시간 가는 줄 몰랐다.

당시 쓴 웹소설은 비록 책으로 출간되지는 않았지만 매일 소설 한 편을 쓰는 동안 활력을 찾고 퇴근 후의 삶이 더욱 풍성해질 수 있었다. 하루는 내가 바라는 이상적인 수업 이야기를 썼다. 또 하루는 최악의 수업을 가정하여 쓰며 혹시나 미래에 일어날 나쁜 일에 대비했다. 이야기의 시작부터 완결까지 다 쓰고 나니 한국어 수업을 종강했을 때와는 색다른 뿌듯함을 느꼈다.

회사 생활을 하며 '일하는 나'에 몰입하다 보면 이와 완전히 다른 별개의 자아를 가지기 어려울 수도 있다. 그럴 때는 강제로 '일하지 않는 나'를 만들려고 하기보다는 '일하는 나'를 바탕으로 확장된 자아를 키우는 것도 하나의 방법일 것이다. 취미 생활이 꼭 본업과 180도 달라야 하는 것은 아니다. 본업을 응용한 취미 생활을 즐길 수 있다. 한국어 강사를 주인공으로 한 소설을 쓰는 것이나 한국어 수업 에세이를 쓰는 것처럼.

'일하지 않는 나'는 '일하는 나'로부터 비롯된다고 해도 과언이 아니다. 아무런 일을 하지 않는다면 두 자아를 가질 필요가 없기 때문이다. 한편 '일하지 않는 나'를 키우면 나의 행동에 단단한 동기 부여가 되어 어느덧 '일하는 나'도 성장하게 된다. 두 자아는 궁극적으로 '나'를 가꾸어 건강하게 일하고 행복한 삶을 살게 한다. 본업을 응용한 취미 생활을 통해 '일하지 않는 나'를 키워 보는 것은 어떨까.

🎯 초보 탈출 꿀팁 한국어 강사만의 취미 기르기

SNS에 한국어교육 콘텐츠 업로드
- 그동안 한국어 수업에서 미처 가르치지 못했던 콘텐츠를 올려 보세요. 온라인으로 다양한 사람들과 교류하며 한국어에 대한 열정을 느낄 수 있습니다.

한국어 강사 이모티콘 만들기
- 이모티콘 만들기, 그림 그리기에 관심 있는 사람이라면 한국어 강사 이모티콘을 만들어 보세요. 그리고 만든 이모티콘으로 학생들에게 SNS로 공지하거나 온라인 수업을 할 때 적극 활용해 보세요. 뜨거운 반응을 느낄 수 있어요.

#5

학교를 그만둔다고
세상이 끝나지 않아요

2020년 초 나는 중국의 세종학당으로 파견 갈 예정이었다. 그러나 코로나19가 전 세계로 퍼지며 해외 파견은 자연스럽게 미뤄졌고 국내에서 기약 없는 대기를 하게 되었다. 한국어학당에서도 오프라인 수업이 중단되었고 갑작스레 방학이 길어졌다. 만나는 사람마다 언제 출국하는지, 출국할 수는 있는 건지 물었고 나는 모른다는 대답밖에 할 수 없었다. 출국 여부를 안 가르쳐 주는 게 아니라 진짜 모르니까. 해외 파견을 가기 위해 국내 한국어학당을 퇴사했다. 그 사이 해외 파견은 물 건너갔고 국내 한국어학당의 채용은 중단되었다. 그러다 보니 출국보다도 올해 한국어 수업을 하는 것 자체가 희망 사항이 되어 버렸다.

예상치 못하게 백수 생활을 하며 걱정이 이만저만이 아니었다. 그렇다고 당장 언제 출국할지도 모르니 아르바이트를 구할 수도 없었다. 일정을 함부로 잡지 못하고 이러한 생활을 언제까지 해야 할지 아무도 모르니 더욱 답답했다. 나뿐만 아니라 동료 강사도 사정이 비슷했다. 한국어 수업을 개강하지 못해 방학이 무기한으로 길어지며 수입이 없어졌다. 당장 이번 학기는 물론 다음 학기 재계약도 장담할 수 없었다. 과거 메르스나 사드 사태 때도 학생 수가 감소해서 한국어 강사의 일자리가 줄었지만 코로나19 사태만큼은 아니었다.

이 직업이 굉장히 불안정하다는 것을 뼈저리게 실감했다. 재택근무가 일상화되지 않고 정규직이 아닌 시간 강사로서는 실업 급여를 받기 어려웠다. 두 달이 지나서야 학교에서 온라인 수업을 개설하였다. 하지만 예전만큼 많은 강사가 필요하지 않았다. 간신히 수업하게 된 강사들은 새로 바뀐 수업 방식에 적응하기 위해 야근과 휴일 근무를 하며 온라인 강의 프로그램을 터득하고 온라인 수업 자료를 만들었다. 평소보다 몇 배의 시간을 들여 수업을 준비했는데 이에 대한 보상은 아무것도 없었다.

나는 중국에 있는 현지 학생들에게 온라인으로 수업을 진행했다. 출국하지 못했어도 그저 수업할 수 있다는 것에 감사했지만 한편으로는 우울했다. 중국 시차에 맞춰 수업하며 내 몸은 한국에 있어도 정신은 중국에 있는 듯했다. 수업하는 동안은 학생들과 소통할 수 있어 기뻤다. 하지만 수업 후 텅 빈 온라인 강의실 화면을 보면 몹시 공허했다. 그 공허함이 싫어서 수업이 끝나고 바로 다음 수업을 준비했다. 집 밖에 나가지 않고 수업과 수업 준비만 하니 어느덧 한 학기 수업 준비를 다 해 버려서 더 이상 할 일이 없어졌다. 그렇다고 아무것도 하지 않으면 다시 공허함에 빠지곤 했다.

공허함을 제대로 털어내기 위해 퇴근 후 소설을 쓰기 시작했다. 수업이 끝나면 내가 쓸모없는 존재가 되어 버릴까 두려웠다. 그래서 내 존재의 가치를 증명하기 위해 뭐라도 썼다. 우연히 책 한 권을 쓰는 모임을 알게 되어 사람들과 함께 글을 썼다. 그들도 무력한 시기를 집필로 이겨내고 있었다. 그들과 함께 낸 책이 『문득 말하고 싶어졌다』이다. 그 책에는 내가 쓴 「감기를 주세요」라는 소설이 실려 있다. 소설에는 약간의 판타지적 요소가 섞여 있다. 돈을 벌기 위해 감기 바이러스를 거래해 대신 앓아 주는 내용이 담겨 있다. 마치 매를 대신 맞아 주고 돈을 받는 매품팔이처럼. 감염병 바이러스가 유행하는 코로나19 사태를 떠올리며 쓴 소설이기에 배경이 흉흉했다. 하지만 감염병으로 인한 위기가 끝나고 일상이 하루빨리 회복되기를 바라는 마음이 반영되어 소설의 결말은 희망차게 끝났다.

다 쓴 소설이 책으로 출간될 때까지 오프라인 수업은 하지 못했다. 대신 1년 넘게 온라인으로 수업했다. 기나긴 코로나19 사태로 결국 내가 가르치던 중국의 한 세종학당은 없어졌고 강사 계약 해지에 이르렀다. 최악의 상황을 마주했다. 하지만 생각만큼 우울하지는 않았다. 힘든 시기에 내게 소설 쓰기는 시련을 견딜 원동력이었다.

그동안 한국어 강사로만 살아왔기에 한국어 수업을 하지 않으면 마치 내가 이 사회에서 쓸모없는 존재처럼 느껴졌다. 그러나 소설을 쓰며 나는 한국어 수업 외에도 다른 일을 할 수 있다는 것을 깨달았다. 온라인 수업조차도 더 이상 할 수 없게 되어 학교를 그만두게 되고 좌절했을 때 지인이 이런 말을 했었다.

"선생님, 학교를 그만둔다고 세상이 끝나지 않아요."

그 말에 용기를 얻은 나는 새로운 길을 모색했다. 당시 그 말을 해 준 지인과 내가 쓴 소설을 책으로 출간하는 방법에 관해 이야기를 나누었다. 자연스럽게 책이 만들어지는 과정에 관해 관심이 생겼고 진심 어린 준비 끝에 출판사에서 편집자로서 일할 수 있었다.

한국어 강사가 아닌 새로운 직업은 절대 만만하지 않았다. 강의실에서 혼자 학생들을 이끌었던 과거와는 달리 편집자로서 작가, 디자이너, 마케팅팀 등 여러 동료와 조율하며 일했다. 작가가 원고를 다 썼다고 책이 바로 나오는 것이 아니었다. 원고를 여러 번 보고 다듬고 디자인을 입히는 등 책 한 권을 만들기까지 한 땀 한 땀 노력이 들었다. 한국어 강사로서 일할 때보다 더 많은 시간 사무실에 있어야 했다. 하지만 책 한 권이 출간되어 나오면 그 뿌듯함은 이루 말할 수 없었다. 학생들을 가르치며 느꼈던 보람과는 또 다른 색다른 경험이었다.

그 뒤 다시 한국어를 가르치는 일을 하였다. 예전과 달리 조급하지 않았다. 마음의 여유를 갖고 한국어 수업을 당당하게 했다. 때로는 글을 써서 책을 만들었다. 한국어 강사, 이 한 가지에만 너무 매몰되어 있지 않으니 오히려 내가 풍성해졌다. 나는 한국어 강사로서만 존재하며 내 가치를 증명하는 게 아니었다. '나'로서 존재하며 다양한 일을 할 수 있다. 한국어학당 너머 세상은 넓다. 학교를 다니며 혹은 그만두더라도 다양한 방법으로 내 가치를 표출하는 한 세상은 끝나지 않고 계속된다.

★ 초보 탈출 꿀팁   한국어 강사 너머 '나'라는 존재에 주목하기

내 정체성은 '한국어 강사' 외에도 생각보다 다양합니다. 학교를 그만두어도 내 삶을 이어 갈 관심사나 취미를 찾아보세요.

• 이 책을 읽는 모두가 '나'를 풍부하게 가꾸어 한국어 강사로서 생기는 시련에 조금이라도 덜 아프기를 간절히 바랍니다.

#6

장밋빛 안개를 걷어내고
마주해야 할 현실

한국어 강사는 외국인의 관점으로 한국어를 바라보며 다양한 학생들을 가르칠 수 있어서 재미있고 보람찬 직업이다. 특히 대학 부설 교육기관 한국어학당에서 가르치는 강사라면 대학교에서 외국인 유학생들을 매일 만나기에 화려한 장미처럼 보일 수 있다. 하지만 한국어 강사를 나타내는 표현은 '빛 좋은 개살구'라는 말이 어울릴 정도로 겉만 그럴듯하고 실속 없는 경우가 많다.

우선 한국어 강사가 되기 위해 힘든 과정을 거쳐야 한다. 물론 외국어로서의 한국어를 가르치는 것은 한국어 원어민의 예상과 달리 쉽지 않다. 또한 업계 현실은 한국어를 가르치는 데 필요한 기본적인 요건보다 더 많은 것을 요구한다. 한국어교육 관련 석사 이상의 학위와 영어, 제2 외국어 능력 등 과도한 스펙을 요구한다. 그리고 국내에는 이미 한국어 강사가 과잉 공급 상태이기에 그보다 더한 스펙의 지원자들이 넘쳐난다.

  자격 요건을 갖춰 한국어 강사가 되기 위해 높은 스펙을 쌓았더라도, 넘어야 할 관문은 계속된다. 이력서와 자기소개서를 작성하고 면접을 보는 절차는 다른 직업을 구하는 과정과 비슷하다. 그러나 한국어 강사로서 취업을 준비할 때는 한 가지 까다로운 단계가 더 추가된다. 바로 시강(시범 강의)이다. 기관에 따라 면접과 시강을 하루에 한꺼번에 보는 곳이 있고 각각 다른 날에 나눠서 보는 곳이 있다. 분명한 것은 대부분 기관이 한국어 강사 지원자를 평가하기 위해 시강을 꼭 본다는 것이다.

  시강 전에 꼭 필요한 것은 수업 교안이다. 기관에 따라 시강 당일 시연할 문법이 주어지고 즉석에서 교안을 작성하게 시키는 곳도 있지만 시강 전에 미리 교안을 만들어 제출하도록 요구하는 곳도 있다. 한국어 강사 지원자들은 시강 때 최소 5분에서 최대 25분까지의 수업을 시연하기 위해 약 50분 남짓의 수업 교안을 작성한다. 교안 양식과 분량도 기관에 따라 천차만별이다. 때로는 PPT 자료와 학생들에게 나눠 줄 프린트물도 함께 제출하도록 요구하는 곳도 있다. 교안 중에서도 시나리오식 교안은 교사말과 학생말을 포함해서 자세하게 써야 하므로 다른 양식의 교안보다도 오래 걸린다. 면접 준비만으로도 벅찬데 시강용 교안을 만들다 보면 어느새 시간이 훌쩍 지나가 버린다. 여러 기관에 지원했을 경우, 기관마다 시강 문법, 교재, 수업 자료가 달라서 준비 시간이 더욱더 오래 걸린다.

고된 준비 끝에 간신히 면접과 시강을 통과하여 한국어학당 강사가 되면 꽃길만 가득할 것 같지만 가시밭길이 존재한다. 많은 한국어학당이 강사와 약 3개월, 한마디로 한국어 정규 과정 한 학기 기간인 10주짜리 계약을 맺는다. 기관에 따라 6개월 혹은 1년 단위의 계약도 가능하지만 대부분 10주 단위, 주 최대 14시간의 시간 강사 계약이다. 정규직 근로자가 아니라 프리랜서에 가까운 시간 강사로 계약을 체결해서 월급이 아닌 시간당 강사료로 보수를 받는다. 근무 시간이 월 60시간 미만인 시간 강사는 4대 보험(건강보험, 국민연금, 고용보험, 산재보험) 가입 대상자가 아니다. 이에 따라 학기 중 연차가 발생하지 않는다. 만약 개인 사정으로 수업하지 못하게 된다면 그날 수업을 대신할 다른 강사를 구하고 대강료를 직접 내야 한다. 또 주말에 수업하지 않으면 보수가 없듯이 방학 때도 수업이 없으므로 무급이다.

　울며 겨자 먹기로 계약한 뒤에도 어려운 고비가 여럿 있다. 수습 기간이 존재하는 기관에는 학기 중 다른 강사들의 참관이 있을 수 있다. 또한 10주마다 계약한다고 해도 연속해서 2년 이상 계약하면 근로기준법에 따라 정규직으로 전환해야 해서 계약한 지 2년이 되기 전에 한 학기를 반강제적으로 쉬어야 할지도 모른다.

　화려한 장미를 보며 한국어 강사가 되고자 결심한다. 하지만 안개에 둘러싸인 실체는 알지 못하는 경우가 많다. 한국어 강사를 향한 열악한 대우에도 보람과 재미, 열정 등 한국어를 가르치는 일을 하고 싶은 여러 이유가 있다. 하지만 일을 하다가도 척박한 현실에 부딪혀 포기해 버리는 경우도 많다. 나 역시도 그랬다. 현실을 외면하면서 하고 싶은 일을 계속하는 것은 원치 않는 희생이 강요된다. 이 일을 지속하기 위해서는 한국어 강사에 대한 장밋빛 안개를 걷어내고 현실을 마주해야 할 필요가 있다.

'목마른 자가 우물을 판다'라는 말이 있듯이 자신에게 가장 급하고 필요한 일이라면 나서서 빨리하고 자기 몫은 자기가 챙겨야 한다. 10주짜리 단발성 근로 계약을 하더라도 수동적으로 계약하기보다는 똑똑하게 계약하자. 매 학기 근로 계약서를 복사해 두며 각 기관의 근무 환경을 비교해야 한다. 이왕이면 근무 기간이 10주보다는 1년 단위인 학교와 계약하는 것이 좋다. 후자일수록 배정되는 수업 시수가 주 20시간 이상이고 수업 외 근무 시간이 인정됨에 따라 4대 보험 가입 대상자가 될 확률이 높다. 4대 보험 중 하나인 고용보험에 가입되면 1년 이상 근무 시 퇴사할 때 퇴직금이 나올 뿐만 아니라 실업 급여를 받을 수 있다.

대부분 석사 이상의 한국어 강사들에게 직장은 자신이 졸업했던 학교가 될 수도 있고 지도 교수님이 상사가 될 수도 있다. 그래서 불합리한 대우를 당해도 큰 목소리를 내기 어려운 게 현실이다. 기관과 무조건 싸우라는 이야기가 아니다. 불만을 품지 않고 한국어를 가르치기만 하라는 이야기도 아니다. 한국어 강사 일을 시작하기 전에 나의 근무 조건과 근로 기준법을 명확하게 알고 있어야 한다. 가르치는 일 자체보다도 중요한 것은 일을 하는 목적이다. 아무 대가를 기대하지 않는다면 한국어 강사는 직업이 아니라 자원봉사가 된다. 자원봉사를 넘어 하나의 직업으로서 당당히 내가 하는 일을 인정받기 위해서는 한국어 강사 업계 현실을 아프지만 또렷이 마주해야 할 것이다.

초보 탈출 꿀팁 한국어 강사 근로 계약서 필수 CHECK!

근로 계약서를 쓰지 않았다고요? 일을 하기 전 근로 계약서를 꼭 작성해야 합니다.

- 행정 담당자에게 꼭 근로 계약서를 쓰자는 말을 하세요. 불편한 이야기일 수 있지만 반드시 해야 하는 이야기입니다.

근무 기간을 확인하세요.

- 근무 기간이 이번 학기까지인지, 올해까지인지 확인하세요. 다른 사람이 다음 에도 함께하자고 말했다고 해도 근로 계약서에 명시된 기간만이 나의 근무 기간입니다. 근무 기간에 따라 다음 학기, 혹은 내년의 거취를 미리 준비해야 할 수 있습니다.

근무 시간과 휴식 시간을 확인하세요.

- 근무 시간에는 수업 시간만 인정되고 수업을 준비하는 시간은 인정되지 않는 곳이 대부분일 것입니다. 인정되는 근무 시간이 몇 시간인지 명확하게 알아 두세요.

✦

강사 생활 삼 년이면
풍월을 읊나요

'서당 개 삼 년에 풍월을 읊는다'라는 속담이 있습니다. 어떤 분야에 대하여 지식과 경험이 전혀 없는 사람이라도 그 부문에 오래 있으면 얼마간의 지식과 경험을 갖게 된다는 뜻입니다. 한국어교육 업무를 시작하고 강사 생활을 하며 삼 년이 지나면 저도 풍월을 읊을 수 있을 것이라고 기대했습니다.

"선생님은 가르친 지 얼마나 되었어요?"

한국어 강사가 된 첫 학기, 문법 '-(으)ㄴ 지 되다'를 가르칠 때 한 학생이 문법을 영리하게 활용하며 질문한 기억이 아직도 선명하게 남아 있습니다. 처음에는 어떻게 대답할지 몰라 우물쭈물했던 제가 이제는 비슷한 질문을 받으면 '100년 되었어요.', '비밀이에요~'와 같이 농담처럼 대답하고는 합니다. 질문을 처음 받았을 당시 가르친 지 얼마 안 된 모습이 학생에게도 티가 날 정도였던 제가 지금은 학생들에게 어떤 모습으로 비칠지 궁금합니다.

2,000시간 이상의 강의 경력이 쌓이면서 저는 교실에서 학생들을 마주하는 것이 익숙해졌습니다. 매 학기 새로운 학생들을 만나고 한 학기가 지나 학생들을 떠나보내면서 이 짧고도 잦은 만남과 이별에 무덤덤해지는 게 허망하기도 합니다. 하지만 가르친 지 삼 년이 지났는데도 여전히 새 학기 개강 전날 잠을 설치고 학기 첫날 떨리는 마음을 안고 수업에 들어갑니다. 수업하면서도 제가 학생들에게 풍월을 제대로 읊고 있는 것인지 매번 고민합니다. 수업이 끝났어도 수업 시간에 학생들과 나눈 대화가 머릿속에 둥둥 떠다닙니다.

초보 시절 하루빨리 어떠한 단어나 문법이든 뭐든 잘 가르치는 고수 강사가 되기를 간절히 원했습니다. 시간이 지나며 약간의 강의 경력이 쌓였다고 해도 저는 스스로 초보 강사에서 고수 강사로 급격하게 탈바꿈했다고 자신하지는 못하겠습니다.

하지만 제 마음속에 고마운 동료 강사들, 학생들, 한국어 수업이 차곡차곡 쌓였습니다. 함께 일하거나 가르친 지 오래되었어도 여전히 소식을 주고받으며 회상에 잠깁니다. 똑같은 단어나 문법을 가르치더라도 과거 수업을 반복하여 풍월을 읊기보다는 학생의 어려운 점이 무엇일지를 예상하고 더 잘 가르치려고 애쓰며 풍월을 읊습니다.

그리고 충분한 휴식과 건강을 챙기고 취미 생활이 채워지며 저 자신이 한결 성장했습니다. 그렇게 강사 너머 '나'가 풍성해지며 매일 나름대로 풍월을 읊고 있습니다. 이 책을 읽는 누군가도 한국어를 가르치거나 한국어를 통해 다양한 사람들과 소통하며 각자의 풍월을 읊기를 기대합니다.

부록

×

한국어 강사,
어떻게 되나요

1. 한국어 강사, 어떤 직업인가요?

한국어 강사는 한국어를 모국어로 하지 않는 사람에게 한국어를 가르친다. 여기서 한국어를 모국어로 하지 않는 사람은 외국인, 한국 교포, 다문화 가정 자녀 등이 해당한다. 국어기본법 및 한국어교원 자격증 제도에서는 이러한 한국어 강사를 '한국어교원'으로 일컫고 있다. 하지만 현실에서 많은 사람이 '한국어교원' 대신 '한국어 강사'로 부르고 있고, 또 그렇게 인식되는 이유가 있기에 이 책에서도 편의상 '한국어 강사'로 썼다.

한국에 외국인은 얼마나 있을까요?

2024년 10월을 기준으로 했을 때 한국에 체류하는 외국인은 269만 2천 359명이다. 국내에 있는 국적별 체류 외국인 상위 5순위는 아래와 같다.

	국적	백분율 및 명수
1	중국	35.5% (956,270명)
2	베트남	11.9% (321,795명)
3	태국	7.1% (190,337명)
4	미국	6.8% (184,359명)
5	우즈베키스탄	3.5% (94,082명)

-출처: 법무부 출입국 외국인 정책 본부 2024년 10월 통계월보 (p. 20).

한국어를 공부하는 외국인은 얼마나 될까요?

많은 한국인이 취업을 위해 영어 시험인 토익(TOEIC)을 보듯이, 외국인들은 유학 및 취업을 위해 한국어능력시험[TOPIK(토픽)]에 응시한다. 바로 이 토픽 응시자 수로 한국어를 본격적으로 공부하는 외국인 수를 가늠할 수 있다. 물론 한국어를 공부하면서도 토픽을 보지 않는 외국인들도 많다. 하지만 국내 대학교 부설 한국어교육 기관인 한국어학당에서 주 5일 4시간씩 한국어를 공부하는 외국인, 소위 한국어 어학연수를 온 학생들의 경우, 대다수가 토픽의 일정 등급 이상을 목표로 공부한다. 이러한 이유로 토픽 응시자 수는 한국어를 본격적으로 공부하는 외국인 수를 가늠하는 주요 지표 중 하나이다.

국립국제교육원에 따르면 토픽 응시자 수는 1997년 2,692명에서 2019년 37만 명, 2024년 49만 명 이상으로 꾸준히 증가하고 있다. 외국인들이 보는 한국어 시험인 토픽과 관련된 정보는 다음 사이트를 참고할 수 있다.

TOPIK 한국어능력시험 https://www.topik.go.kr/   🔍

KBS 한국어능력시험, 국어능력인증시험[ToKL(토클)]과 헷갈리지 말자. 두 시험은 외국인이 아닌 한국 사람들이 국어 능력을 진단하기 위해 보는 시험이다.

한국어 강사 vs 국어 교사 무엇이 다른가요?

한국어 강사는 한국말을 가르친다는 점에서 국어 교사와 비슷하다고 생각할지 모르지만 엄연히 다르다. 국어 교사는 한국어를 모국어로 하는 사람, 즉 중·고등학생에게 국어 문법(맞춤법)과 문학 등을 가르친다. 반면 한국어 강사는 한국어를 모국어로 하지 않는 사람에게 한국어 단어, 문법, 말하기, 듣기, 읽기, 쓰기 등을 가르친다. 한국어가 모국어가 아닌 사람들에게 한국어는 외국어이다. 즉 한국어 강사는 이들에게 외국어를 가르친다. 한국어 강사와 비슷한 선생님을 떠올린다면 한국 사람들에게 외국어 교육을 하는 영어 교사가 국어 교사보다 가깝다고 할 수 있다.

가르쳐요	한국어 강사	국어 교사
누구에게?	한국어를 모국어로 하지 않는 사람 (외국인, 한국 교포, 다문화 가정 자녀 등)	한국어를 모국어로 하는 사람 (중·고등학생)
무엇을?	한국어 단어, 문법, 말하기, 듣기, 읽기, 쓰기 등 (한국어로 의사소통하는 능력을 기르는 것이 목적)	국어 문법(맞춤법), 문학 등 (한국 국민이 지녀야 할 인성 및 공동체 의식 교육이 목적)
어디에서?	국내 및 해외 대학교 부설 한국어교육 기관 중·고등학교 방과 후 수업 외국인 노동자센터 등	국내 중·고등학교
어떻게?	한국어교원 자격증 필요 (문화체육관광부 발급)	중등학교 정교사 2급(국어) 교원 자격증 필요 (교육부 발급)

2. 한국어 강사, 어떻게 시작하나요?

한국어 강사란 직업에 호기심을 가진 채 검색하면 유망 직업이라며 수많은 광고가 쏟아진다. 찬찬히 광고를 살펴보면 한국어 강사가 되기 위해 한국어교육 관련 수업을 들어야 한다는 것을 알게 될 것이다. 그런데 수업 수강료도 만만치 않다. 이대로 수강료를 결제하면 광고처럼 유망한 한국어 강사가 될 수 있을까?

한국어 강사의 첫걸음, 한국어교원 자격증 취득하기

한국어 강사가 되기 위해서는 우선 한국어교원 자격증이 있어야 한다. 자격증 없이 가르치는 일도 있지만 대부분 자원봉사 활동이나 보수가 상대적으로 적은 경우이다.

한국어교원 자격증은 1급, 2급, 3급으로 나뉜다. 대학 혹은 대학원에서 한국어교육 관련 전공자라면 졸업 후 한국어교원 자격증 2급을 취득할 수 있다. 그 후 법정 기관에서 5년 이상, 2,000시간 이상 한국어 강의를 하면 1급으로 승급된다. 그런데 관련 전공이 아니더라도 자격증을 취득할 수 있는 방법이 바로 한국어교원 자격증 3급이다. 이때는 다음 세 가지 조건 중 하나만 충족하면 된다.

①번은 대학이나 대학원에서 한국어교육 관련 전공 학위를 취득하지 않았고, 한국어교육 경력이 전혀 없는 사람들에 해당한다. 이들이 3급을 취득하기 위해서는 먼저 한국어교원 양성과정을 이수해야 한다. 이 과

① 한국어교육 양성과정 이수 후 한국어교육능력 검정시험에 합격한 사람

② 한국어교육 관련 부전공 학위소지자

③ 2005년 7월 28일 이전에 한국어교육 경력이 800시간 이상이거나 한국어교육능력 검정시험에 합격한 사람

국립국어원에 한국어교원 자격증 3급 신청 후 취득

정은 비학위 과정으로, 고등학교를 졸업한 사람이면 충분히 이수할 수 있다. 그 뒤 한국어교육능력 검정시험(매년 1~2회 실시, 1차 필기시험/2차 면접)에 응시할 자격이 주어진다. 그리고 시험에 합격해야 최종적으로 한국어교원 자격증 3급을 취득할 수 있다.

한국어교원 양성과정은 관련 학위를 따지 않고도 한국어 강사가 되기 위해 한국어교육 관련 이론(한국어 문법 교육론, 한국어 발음 교육론, 한국어 어휘 교육론 등)을 배우고 한국어 수업 관련 실습(한국어 수업 참관 및 모의 수업 등)을 하는 과정이다.

한국어교원 양성과정은 총 120시간(100시간 이론, 20시간 실습)의 과정으로 대략 12주 정도가 걸린다. 국립국어원이 지정한 대학교 부설 기관(한국어학당 등), 원격 평생 교육원, 사이버 대학교 등에서 온라인 혹은 오프라인으로 이수할 수 있다. 비용은 기관마다 다르므로 국립국어원이 지정한 기관 목록을 참고하면 좋다.

3. 한국어 강사, 어떻게 지원하나요?

한국어교원 자격증을 취득한 뒤 한국어 강사 채용 공고에 지원하기로 마음을 먹었다면 이제부터 시작이다. 한국어 강사 선발 전형은 대개 서류, 면접, 시강(示講)의 3단계로 나뉜다. 기관에 따라서는 시강을 생략하는 곳도 있다. 전형별로 어떻게 준비해야 할지 살펴보자.

1) 한국어 강사 지원 서류, 어떻게 써요?

한국어 강사 지원 서류는 지원서, 이력서, 자기소개서 등이 있다. 기관에 따라 해당 기관만의 이력서와 자기소개서 양식이 있는 곳도 있고 자유 양식인 곳도 있다.

지원 동기를 쓰기 위해서는 기관에 대한 조사가 필수!

지원서를 쓸 때는 지원 동기가 가장 중요하다. 한국어 강사가 되고 싶은 이유도 중요하지만, 기관의 입장에서 더 중요한 것은 지원자가 왜 그 기관을 선택했는지이다.

따라서 지원 동기를 잘 쓰려면 아무래도 해당 기관에 대한 조사가 필요하다. 다른 기관의 지원서 내용을 복사하여 붙여 넣다가 기관 이름을 잘못 쓰거나, 해당 기관에 대한 관심 없이 단순히 지원했다는 인상을 준다면 수많은 지원서 사이에서 쉽게 걸러질 수 있다. 몇몇 어학당에서 자교 출신을 선호하는 이유도 해당 기관에 대한 지원 동기가 뚜렷하기 때문이다. 꼭 자교 출신이 아니더라도, 즉 지원하는 기관과 관련이 없더라도 차별화되는 지원 동기가 있다면 충분히 서류 전형에서 강점이 있다. 아무리 고민해도 지원서에 그 기관에 관한 관심을 드러내기 힘들면 최소한 '꼭 이 기관에서 한국어를 가르치고 싶다'라는 말이라도 넣는 것이 좋다.

서류 전형에서부터 증빙 서류를 챙기세요.

기관에 따라 서류 전형에서부터 증빙 서류를 제출하기도 한다. 이때 기관에서 요구하는 증빙 서류를 잘 갖추어야 한다. 다음 서류들은 대부분 기관이 요구하는 서류이니 꼭 준비해야 한다.

이러한 증빙 서류들을 하나의 파일로 묶어 보내라거나 압축해서 보내라는 등의 요구가 있을 수 있다. 지원서나 자기소개서를 잘 썼는데도 증빙 서류를 제대로 갖추지 못해서 탈락하는 경우도 봤다. 따라서 번거롭더라도 기관의 요구 사항에 맞게 증빙 서류를 잘 준비하자.

한국어교육 기관에서 요구하는 증빙 서류들 예시

① 한국어교원 자격증 사본

국립국어원 한국어교원 자격 심사에 합격하였지만 아직 한국어교원 자격증을 발급받지 못한 경우 기관에 따라 <u>한국어교원 자격 확인서</u>로 대체 가능함. (한국어교원 자격 확인서는 국립국어원 한국어교원 홈페이지에서 한국어교원 자격 심사에 합격한 자에 한해 다운로드 가능함. 한국어교원 자격 확인서에 자격증 발급일이 적혀 있음.)

② 한국어 강의경력 증명서

- 기관에 따라 국립국어원 발급 양식의 강의경력 증명서를 요구하는 곳도 있음.
- 해외에서의 강의경력 증명서의 경우 국문 번역본을 요구하기도 함.
- 강의 경력이 없다면 봉사활동 증명서라도 내는 게 좋음.

③ 학부 및 대학원 졸업 증명서 및 성적 증명서

- 학부 및 대학원 학점은 합격 당락을 가르는 중요한 요소는 아니지만 기관에 따라 성적 증명서를 요구하는 경우가 있음.
- 특히 대학교 부설 교육기관은 95% 이상의 기관이 석사 학위 이상을 요구함. 그러므로 대학원 졸업 증명서 및 성적 증명서가 필요함.

④ 공인 어학 성적

- 공인 어학 성적은 학부 및 대학원 성적만큼 합격 당락을 가리는 데 크게 중요한 요소는 아니지만 기관에 따라 요구하는 곳이 있음.
- 영어 성적보다도 해당 기관에서 유학생들이 많은 국가의 언어를 할 수 있다면 강점이 됨(중국어, 베트남어, 일본어, 태국어, 몽골어, 러시아어 등).

2) 한국어 강사 면접, 어떻게 준비해요?

서류 전형을 통과하였다면 기관에서 면접 일정을 알려 주기 위해 이메일, 전화, 문자 등의 연락이 온다. 기관에 따라 서류 전형 합격자에게만 결과를 알려 주는 경우가 있고, 아니면 불합격 결과도 알려 주는 경우가 있다. 지원 후 면접 일자에 가까워지도록 연락이 없다면 아쉽지만 잊어버리고 다른 기관의 선발 공고를 살펴보는 게 좋다.

면접 시간, 조정이 가능한가요?

기관에서 지원자의 면접 시간을 통보해 줄 것이다. 만약 해당 시간에 참석할 수 없다면 기관에 따라 면접 시간 조정이 가능할 수도 있다. 그런데 몇몇 기관에서는 서류 전형 지원 단계에서부터 예상 면접 날짜를 공고하면서 면접 시간 조정이 불가하다고 명시하고 있다. 또한 면접 시간을 조정하는 게 쉬운 일이 아니고 기관에 좋은 인상을 주기 어렵기 때문에 웬만하면 면접 시간을 잘 맞추기를 추천한다.

면접에서는 주로 무엇을 물어보나요?

일반 회사의 면접과 마찬가지로 한국어 강사를 선발하는 면접에서도 지원자의 지원서와 자기소개서의 내용을 확인한다. 자기소개, 지원 동기는 기관에서 필수적으로 물어보는 질문이니 반드시 준비해야 한다. 다음은 면접 과정에서 실제로 받았던 질문들 중 일부로, 지원자에 따라 질문 내용은 달라질 수 있다.

일부 기관에서는 한국어를 가르친 적이 있는지, 가르쳤다면 어디에서 가르쳤는지, 그때 무엇을 느꼈는지 등 강의 경력에 대해 질문했다. 또 한국어 문법이나 한국어 교수법과 관련된 질문을 하는 곳도 있었다.

한국어 강사 면접 예상 질문 목록

① 자기소개
② 지원 동기
  • 우리 기관에 대해 알고 있나요?
  • 왜 우리 기관에서 일하고 싶은가요?
③ 한국어교육 경력
  • 그동안 한국어를 가르친 적이 있나요?
  • 가르쳤다면, 어디에서 가르쳤나요?
  • 무슨 교재를 사용했나요?
  • 당시 학습자는 어느 나라, 어느 레벨(초급, 중급, 고급)이었나요?
  • 그때 무엇을 느꼈나요?
④ 한국어교육 전공 지식 (한국어 단어 및 문법 관련 질문)
  • 한국어 품사에 대해 말해 보세요.
⑤ 한국어 교수법 관련 질문
  • 중국인 학습자를 가르칠 때 특별히 주의해야 할 점이 있을까요?
  • 현재 시제를 가르칠 때 '춥다'와 같은 ㅂ불규칙은 어떻게 가르치나요?
⑥ 향후 계획 및 포부
  • 만약 일하게 된다면 우리 기관에서 어떻게 일할 것인가요?

외국어 면접도 있나요?

많은 기관에서는 외국어 면접 없이 한국어 면접만 진행한다. 그러나 기관에 따라서는 지원자의 외국어 능력을 보기 위해 지원자에게 외국어로 자기소개, 지원 동기, 문법 설명을 시키는 곳도 있다. 저자도 영어, 중국어, 일본어 면접을 경험했다. 그런데 특이하게도 한국어 면접만 진행한 곳에서는 모두 합격했다. 그런데 외국어 면접을 본 곳은 결과가 좋지 않았다. 외국어 능력이 유창하지 않기도 했고 해당 기관에서 원했던 강사는 학생 상담 등을 위해 외국어 능력이 유창한 사람이었기 때문이라고 생각된다. 무엇보다 중요한 것은 일부 기관에서의 외국어 면접을 위해 외국어 능력을 높이는 것보다도 지원자에게 맞는 기관을 찾는 것이다. 중요한 건 우리는 외국어 강사가 아니라 한국어 강사니까!

면접 때는 무슨 옷을 입으면 좋을까요?

일반 회사의 면접 때는 보통 검은색 정장을 입는다. 그런데 한국어 강사 면접 때는 평소 한국어 수업 때 입는 옷을 입어도 좋다. 강의 경력이 없다면 학교 선생님의 복장을 상상해 보면 도움이 된다. 학교 선생님은 매일 검은색 정장을 입고 출퇴근하지 않는다. 칙칙한 느낌을 주는 검은색 정장보다는 산뜻한 느낌을 주는 원피스나 세미 정장도 좋다. 실제 면접 때 검은색 정장을 입고 오는 분들을 보았지만 소수였다.

그러나 너무 튀는 등산복, 운동복, 티셔츠, 청바지, 스웨터, 미니스커트와 같은 차림은 추천하지 않는다. 기관에서 한국어 수업을 할 때 금지하는 복장이기도 하고(기관에 따라 티셔츠와 청바지는 가능한 기관도 있다), 실제로 등산복을 입고 온 지원자가 탈락한 사례도 있었다.

신발 역시 슬리퍼나 운동화보다는 격식 있는 느낌을 주는 구두를 신어야 한다. 저자는 구두를 신고 면접장까지 가는 게 불편해서 운동화를 신고 갔다가 면접장에 들어가기 전에 구두로 갈아 신었다.

3) 한국어 강사 시강, 무엇을 준비할까요?

일반 기업 면접과 달리, 한국어 강사 면접에서는 5~10분 내외로 시강(시범 강의)을 한다. 일부 기관은 면접만 진행하기도 하지만, 대부분의 기관에서는 면접관들 앞에서 한국어 모의 수업을 시연하도록 요구한다.

시강 전에 준비하기(1) : 교안

먼저 기관에서 사전에 시강할 문법을 정해 준다. 면접 며칠 전 시강할 문법을 알려 주는 곳도 있고 면접 대기실에서 바로 문법을 제시하고 준비하도록 요구하는 곳도 있다. (시강 문법 예시: '-았/었-', '-는데', '-아/어 보다' 등)

시강 문법을 받으면 해당 기관이 사용하는 교재에서 그 문법을 찾아야 한다. 같은 문법이라도 교재마다 제시되는 문법의 의미, 예문 등이 다르기 때문이다. 그 교재에 나온 문법을 바탕으로 어떻게 가르칠지 교안(학습 지도안)을 작성하면 된다. 교안을 작성할 때는 학습 목표, 교사말과 학생의 예상 대답이 드러나도록 시나리오식 교안으로 구성하는 것이 좋다. 그래야 수업 상황을 상상하기 쉬워서 실제 수업 준비할 때 더욱 편하기 때문이다.

다음은 시나리오식 교안 작성의 예시이다. 초급 수업을 바탕으로 한 교안의 일부이며, 여기서 'T'는 선생님(Teacher), 'S'는 학생(Student)을 지칭한다. 교사말을 쓸 때는 국어사전의 뜻풀이, 문법서의 설명을 그대로 가져오는 것보다 학생의 한국어 능력 수준에 맞게 쓰는 것이 좋다. 또한 학생의 대답은 하나 외에 여러 대답이 나온다는 것을 염두에 두고 쓰는 것이 좋다.

시나리오식 교안 작성의 예시

T: 여러분, 오늘 기말시험이 끝났어요. 뭐 할 거예요?

S: 몰라요. / 고향에 갈 거예요. 등

T: 한국에서 놀이동산에 가 봤어요? 롯데월드, 에버랜드….

S: 네, 가 봤어요. / 아니요, 안 가 봤어요.

시나리오식 교안이 익숙하지 않다면 일반적인 양식으로 작성해도 좋다. 단, 시나리오식이 아니더라도 단어와 문법을 설명할 때 교사말이 드러나야 한다. 교사의 질문을 만들 때 학생들이 어떻게 대답할지 꼭 미리 생각해 보고 쓰는 것이 좋다.

시강 전에 준비하기(2): 교재 및 수업 자료

시강은 교안을 보고 할 수 없다. 실제 수업할 때도 교안을 보고 수업하지 않는다. 문법 설명, 예문 등을 다 외우기 힘들면 시강 때 사용할 교재를 준비하는 것이 좋다. 기관에 따라 PPT를 요구하는 곳도 있고, 어떤 곳은 PPT 사용을 금하기도 한다.

PPT를 사용할 수 없다면 기관 교재를 준비하면 좋다. 교재를 사는 것이 부담스러우면 시강할 문법 부분만 복사해서 가져가도 괜찮다. PPT를 사용한다면 양식을 ppt, pptx 두 가지로 저장해서 시강하기 전 그곳의 컴퓨터에서 PPT가 제대로 열리는지를 꼭 확인해야 한다. 간혹 시강하는 곳의 컴퓨터에 없는 글꼴을 사용하면 PPT가 잘 열리지 않을 수도 있으니 주의해야 한다.

시강 전에 준비하기(3): 수업 자료

시강을 하기 위해서는 교재 외에도 여러 수업 자료가 필요하다. 단어 연습을 한다면 단어 카드가 필요하고, 그 카드를 칠판에 붙이고 싶다면 자석도 필요할 것이다. 다만 유리 칠판을 사용하는 기관의 경우 자석이 칠판에 붙지 않을 수도 있으니 이를 고려해야 한다.

대개 보드 마커, 칠판지우개는 기관에서 제공한다. 혹시 몰라서 검정색, 빨간색, 파란색 세 가지 마커를 항상 가지고 다녔는데 시강할 때 개인 마커가 필요한 적은 한 번도 없었다.

또 문법이나 단어 연습을 하고 싶다면 활동지도 준비해야 한다. 보통 시강 시간은 5~10분 내외로 문법을 설명하는 데도 시간이 부족하다. 그래서 문법/단어 연습 활동을 시연할 시간은 거의 없을 것이다. 혹시 활동을 시연한다면 활동지를 면접관 수만큼 복사해서 미리 준비해야 한다.

면접관의 반응에 일희일비하지 마세요!

시강할 때는 여러 명의 면접관 앞에서 시강할 것이다. 면접관은 대학교 국어국문학과 교수님, 다른 한국어 선생님, 기관 관리자 등 다양하다. 면접관 수는 기관에 따라 다르며, 면접관 외에도 학생들 앞에서 시강하는 곳도 있다.

시강에서 면접관이 학생 역할을 할 때도 있다. 면접관에 따라 교사의 질문에 대답을 잘해 주는 사람이 있다. 반면 대답을 안 하거나 교사를 바라보지 않고 교안만 보는 사람도 있다. 시강할 때는 긴장되기 때문에 교사말에 잘 호응해 주는 면접관을 만난다면 좋겠지만 교사말에 대답하는 것은 면접관의 의무가 아니다. 또 대답을 잘해 주고 시강 분위기가 좋았다고 해서 그것이 꼭 합격으로 이어지는 것도 아니다. 어떤 면접관은 실제 초급 학생처럼 연기하며 비슷한 문법 간 차이가 무엇인지 등 추가 질문을 하여 지원자를 곤란하게 만들 수도 있다. 그러므로 시강할 때 목표 단어/문법과 관련하여 들어올 추가 질문에도 대비해야 한다.

수업 때와 마찬가지로 시강 때도 적절한 자신감이 필요하다. 면접관의 반응에 일희일비하지 말고 당당하게 시강한다면 좋은 결과가 있을 것이다.

4. 한국어 강사의 샘플 교안

한국어 강사의 샘플 교안 (1)				
수업 일시			담당자	
단원	『연세 한국어 1-1』(2013), 제 5과 〈4〉		대상	초급 1

학습 목표

• 과거 시제(행동) 말하기

• 문법: -었-, ㅂ 동사

• 어휘: 시간 관련 어휘

순서	소요 시간	내용	유의점
복습 및 도입	5-7분	**복습 [어휘: 일어나다, 수업 / 문법: 에, 부터 ~까지, -고]** 1. _____ 씨는 보통 몇 시에 일어나요? (일어나다, 에) 2. _____ 씨, 월요일 오전에는 무엇을 합니까? (수업) 3. 한국어 수업이 몇 시부터 몇 시까지 있어요? (부터 ~까지) 4. 수업은 날마다 있습니까? (부터 ~까지) 5. _____ 씨는 보통 몇 시에 학교에 와요? (에) 6. 언제 한국어 시험을 봅니까? (에) 7. 한국어 시험은 몇 과부터 몇 과까지 봅니까? (부터 ~까지) 8. 한국어 시험을 보고 무엇을 하겠습니까? (-고) 9. _____ 씨는 학교에서 한국어 공부를 하고 무엇을 합니까? (-고) 10. _____ 씨는 오늘 뭐 해요? (-고) **들어가기** [교과서의 그림 이용] 1. 정희와 웨이가 무슨 이야기를 합니까? 2. 어제 웨이는 무엇을 했습니까? 3. 영화가 어땠을까요?	전날 배운 어휘 및 문법을 사용하여 대답할 수 있도록 질문한다. 오늘 배울 내용을 질문으로 유도한다.

순서	소요시간	내용	유의점
	25분	**대화 듣고 따라 하기** [교재에 제시된 대화 듣고 따라하는 연습] – 들으십시오. – 듣고 따라하십시오. (전체, 개인, 문장별로) – 다시 듣고 따라하십시오. (전체) – 듣고 대답하십시오. (전체, 개인, 대화 쌍으로)	발음과 억양 지도를 철저히 한다.
전개	20분	**새 단어** (새로 나온 단어를 중심으로 어휘의 의미와 용법을 설명하고 확인 질문을 한다. 필요한 관련 어휘는 확장하여 제시한다.) **1. 어제** [오늘의 바로 하루 전날] : (확장) 어저께, 그저께, 오늘, 내일, 모레 〈오늘은 5월 16일입니다. 어제는 5월 15일입니다. 오늘은 월요일이에요. 어제는 일요일이에요.〉 (날짜, 요일을 판서하고 화살표를 이용해 설명한다.) [예문] 어제는 5월 15일입니다. 　　　　어제는 일요일이에요. [확인] 오늘은 8월 8일입니다. 어제는 몇 월 며칠입니까? 　　　　오늘은 금요일이에요. 어제는 무슨 요일이에요? **2. 아름답다** [1) 보이는 대상이나 목소리, 빛깔 등이 눈과 귀에 즐거움과 만족을 줄 만하다. 2) 하는 일이나 마음씨 따위가 훌륭하고 갸륵한 데가 있다. / (참고) 예쁘다: 생긴 모양이 아름다워 눈으로 보기에 좋다.] : 명사 이/가 아름답다 〈제주도에는 산과 바다가 있습니다. 산에는 꽃도 많습니다. 바다는 시원하고 공기도 좋습니다. 사람들이 제주도에 여행을 갑니다. 산과 바다를 봅니다. 기분이 좋습니다. 제주도가 아름답습니다. (다음 쪽 사진으로도 설명) 그래서 여행을 갑니다.	어휘는 의미 설명을 대신할 수 있는 예문을 제시하여 이해시키고 학생이 배운 단어로 대답이 나오도록 질문하여 이해했는지 확인한다.

순서	소요 시간	내용	유의점
		  여러분, 로미오와 줄리엣의 이야기를 알아요? 로미오와 줄리엣의 사랑 이야기는 어때요? 로미오와 줄리엣의 사랑 이야기가 아름답습니다. 〉 [예문] 제주도가 아름답습니다. 　　　　로미오와 줄리엣의 사랑 이야기가 아름답습니다. [확인] 오늘 날씨가 좋고 꽃이 많아요. 학교가 어때요? 　　　　_____ 씨의 고향은 어디가 아름답습니까?	제시, 설명, 연습, 활용의 순서로 진행한다.
전개	25분	**문법** 1) _____동사_____ -았/었/였어요. [판서] 　어제 학교에 가다 　　　　친구하고 점심을 먹다 　　　　어제도 한국어를 공부하다 〈오늘 날짜 적기(예: 8월 8일)/ 제임스 씨는 오늘 학교에 갑니다. 한국어를 공부합니다. 친구하고 점심을 먹습니다. 〈어제 날짜 적기(예: 8월 7일)/ 제임스 씨는 어제 학교에 갔어요. 친구하고 점심을 먹었어요. 어제도 한국어를 공부했어요.〉 **[변형 연습]** ① 7시에 일어나요 → 7시에 일어났어요. ② 한국에 와요 → 한국에 왔어요. ③ 친구를 만나요 → 친구를 만났어요. ④ 영화를 봐요 → 영화를 봤어요.	예문을 제시할 때 문장의 난이도를 조절한다

순서	소요 시간	내용	유의점
전개		⑤ 책을 읽어요 → 책을 읽었어요. ⑥ 한국 음식을 만들어요 → 한국 음식을 만들었어요. ⑦ 마리아 씨는 대학생이에요 → 마리아 씨는 대학생이었어요. ⑧ 커피를 마셔요 → 커피를 마셨어요. ⑨ 책에 이름을 써요 → 책에 이름을 썼어요. ⑩ 도서관에서 숙제해요 → 도서관에서 숙제했어요. ⑪ 주말에 아르바이트를 해요 → 주말에 아르바이트를 했어요. ⑫ 커피숍에서 친구하고 이야기해요 → 커피숍에서 친구하고 이야기했어요. **[응답 연습]** ① _____ 씨, 어제 누구를 만났어요? ② _____ 씨, 어제 몇 시에 잤어요? ③ _____ 씨, 그 가방을 어디에서 샀습니까? ④ _____ 씨, 언제 한국에 처음 왔어요? ⑤ _____ 씨, 아침에 뭐 먹었어요? ⑥ _____ 씨, 어제 몇 시까지 술을 마셨어요? ⑦ _____ 씨, 공책에 무엇을 썼습니까? ⑧ _____ 씨, 어제 한국어학당 앞에서 누구를 기다렸어요? ⑨ _____ 씨, 어제 한국어를 공부하고 뭐 했어요? ⑩ _____ 씨, 아침에 누구하고 인사했어요? ⑪ _____ 씨, 언제부터 한국어를 공부했습니까? ⑫ _____ 씨, 지난 주말에 누구하고 산책했어요? **[교과서 문법 연습]** ① 보기를 예로 보여 주고 설명한다. ② 짝과 함께 그림을 보고 대답하게 한다. (쓰기로 하지 않는다) ③ 교사가 질문하고 학생들이 대답하게 한다.	

순서	소요 시간	내용	유의점
전개	20분	(내용 아래 참조)	교재 연습문제의 쓰기는 숙제로 하도록 한다.

2) ㅂ 동사

[판서] (표로 설명, 비교를 위해 규칙형 '입다'와 함께 판서)

	ㅂ 〉우/오 + 아요/어요	현재	과거
아름답다	아름다우+어요	아름다**워**요	아름다**웠**어요
맵다	매우+어요	매**워**요	매**웠**어요
쉽다	쉬우+어요	쉬**워**요	쉬**웠**어요
어렵다	어려우+어요	어려**워**요	어려**웠**어요
덥다	더우+어요	더**워**요	더**웠**어요
돕다	도우+아요	도**와**요	도**왔**어요
입다	해당 없음	입어요	입었어요

〈여러분, 표를 보세요.
 아름답다, 받침 ㅂ는 '아요/어요' 앞에서 '우'나 '오'로 바뀌어요.
 아름답다 〉 아름다우 + 어요 가 만나요. 아름다워요.
 (표를 이용하여 시각적으로 설명한다.)〉

[변형 연습]

(①~⑥: -아요/어요/여요, ⑦~⑫: –었어요/았어요/였어요)

① 제주도 바다가 아름답습니다. → 제주도 바다가 아름다워요.

② 떡볶이가 맵습니다. → 떡볶이가 매워요.

③ 한국어가 어렵습니다. → 한국어가 어려워요.

④ 한국의 여름은 덥습니다. → 한국의 여름은 더워요.

⑤ 침대에 눕습니다. → 침대에 누워요.

⑥ 겨울에는 날씨가 춥습니다. → 겨울에는 날씨가 추워요.

⑦ 지난 시험은 쉽습니다. → 지난 시험은 쉬웠어요.

⑧ 작년 여름이 덥습니다. → 작년 여름이 더웠어요.

⑨ 어제 영화를 보았습니다. 영화가 아름답습니다.

　　→ 영화가 아름다웠어요.

⑩ 어제 비빔밥을 먹었습니다. 비빔밥이 맵습니다

　　→ 비빔밥이 매웠어요.

순서	소요 시간	내용	유의점
		⑪ 지난 주말에 비가 왔습니다. 날씨가 춥습니다. → 날씨가 추웠어요. ⑫ 중간시험이 어렵습니다. → 중간시험이 어려웠어요. **[응답 연습]** ① _____ 씨, 오늘 날씨가 어때요? ② _____ 씨, 어제 저녁에 날씨가 어땠어요? ③ _____ 씨, 한국어가 어려워요? 쉬워요? ④ (제주도 사진을 보여 주며) _____ 씨, 제주도가 어때요? ⑤ _____ 씨, 고향에서 어디가 아름다워요? ⑥ (중국 학생에게) _____ 씨, 쓰촨 음식이 어때요? ⑦ _____ 씨, 한국 음식 중에서 무슨 음식이 매워요? ⑧ _____ 씨, 단어 시험이 어땠어요? ⑨ _____ 씨, 중간시험이 어땠어요? ⑩ _____ 씨, 고향은 여름에 날씨가 어때요? ⑪ _____ 씨, 고향은 겨울에 날씨가 어때요?	
정리	5분	· 학습 내용을 정리한다. · 과제를 준다. · 다음 시간 수업 내용을 예고한다.	

한국어 강사의 샘플 교안 (2)

수업 일시		담당자	
단원	『연세 한국어 2-1』 (2013), 제 2과 〈2〉	대상	초급 2

학습 목표

- 음식 소개하기
- 문법: −은 적이 있다, −는데(도입)
- 어휘: 음식 이름 어휘

순서	소요 시간	내용	유의점
복습 및 도입	5-7분	**복습** 1. _____ 씨는 설렁탕을 먹어 봤어요? (설렁탕) 2. 설렁탕을 먹을 때 무엇을 넣어요? (파) 3. 설렁탕을 먹을 때 밥은 어떻게 먹어요? (말다) 4. _____ 씨는 무슨 반찬을 좋아해요? (반찬) 5. _____ 씨는 중국 식당에서 보통 어떻게 식사해요? 한 사람씩 요리를 하나씩 주문해서 먹어요? (덜다) 6. _____ 씨는 뷔페에 가면 음식을 어디에 덜어서 먹어요? (접시) 1. _____ 씨는 잡채를 먹어 봤어요? (-어 보다(경험)) 2. _____ 씨는 한국 음식을 만들어 봤어요? (-어 보다(경험)) 3. _____ 씨는 제주도에 가 봤어요? (-어 보다(경험)) 4. 저는 외국에 한 번도 안 가 봤어요. 방학 때 _____ 씨 고향에 여행을 가려고 해요. 무엇을 준비해야 해요? (-어야 하다) 5. 한국어 수업에 지각하고 싶지 않아요. 한국어학당에 몇 시까지 와야 해요? (-어야 하다) 6. _____ 씨, 제 일본 친구도 한국어학당 학생이 되고 싶어 해요. 어떻게 해야 해요? (-어야 하다)	전날 배운 어휘 및 문법을 사용하여 대답할 수 있도록 질문한다.

순서	소요 시간	내용	유의점
		들어가기 [교과서의 그림 이용] 1. 두 사람은 무슨 이야기를 하고 있습니까? 2. 영수가 소개하는 음식은 무엇입니까? 3. 닭갈비는 어떤 음식일 것 같습니까?	오늘 배울 내용을 질문으로 유도한다.
	25분	**대화 듣고 따라 하기** [교재에 제시된 대화 듣고 따라하는 연습] – 들으십시오. – 듣고 따라하십시오. (전체, 개인, 문장별로) – 다시 듣고 따라하십시오. (전체) – 듣고 대답하십시오. (전체, 개인, 대화 쌍으로)	발음과 억양 지도를 철저 히 한다.
전개	20분	**새 단어** (새로 나온 단어를 중심으로 어휘의 의미와 용법을 설명하고 확인 질문을 한다. 필요한 관련 어휘는 확장하여 제시한다.) **1. 유명하다** [이름이 널리 알려져 있다 / (참고) '인기가 많다': 좋아하는 사람이 많다] : -이/가 유명하다. 유명한+N [예문] 한국 관광지 중에서 명동이 유명해요. 방탄소년단은 유명한 한국 가수입니다. 〈여러분, 한국 관광지 중에서 명동을 알아요? 외국 사람들이 명동에 많이 와요. 한국 관광지 중에서 명동이 유명해요. 여러분, 방탄소년단(BTS)을 알아요? 방탄소년단을 아는 사람들이 많아요. 길에서 방탄소년단 노래를 들을 수 있어요. 방탄소년단 콘서트에 사람들이 많이 가요. 방탄소년단은 한국에서, 미국에서, 중국에서, 많은 나라에서 유명해요. 방탄소년단은 유명한 한국 가수입니다.〉	어휘는 의미 설명을 대신할 수 있는 예문을 제시하여 이해시키고 학생이 배운 단어로 대답이 나오도록 질문하여 이해했는지 확인한다.

순서	소요 시간	내용	유의점
전개		**2. 닭고기** [닭의 살코기, 발음: [닥꼬기]] : (확장) 소고기, 돼지고기 〈닭갈비를 만들 때 닭고기가 필요해요. 닭갈비는 닭고기로 만들어요. 삼계탕도 닭고기로 만들어요.〉 [예문] 삼계탕은 닭고기로 만들어요. 　　　 닭갈비는 닭고기로 만든 음식이에요. [확인] 닭고기로 만든 음식에는 뭐가 있어요? 　　　 _____ 씨는 닭고기로 어떤 음식을 만들 수 있어요? 　　　 _____ 씨는 닭고기로 만든 음식 중에서 무엇을 좋아해요? **3. 채소** [밭에서 기르며 주로 그 잎이나 줄기, 열매를 먹는 농작물.] :(확장) 배추, 무, 나물 〈상추는 고기가 아니에요. 채소예요. 파는 채소예요. 나물도 채소예요.〉 [예문] 저는 채소보다 고기를 많이 먹어요. 　　　 김치는 채소로 만든 음식입니다. [확인] _____ 씨가 좋아하는 채소는 무엇입니까? 　　　 채소로 만든 음식은 무엇이 있을까요? 　　　 _____ 씨 나라에서는 채소로 만든 음식이 뭐가 있어요? **4. 좀** ['조금1(1. 정도나 분량이 적게)'의 준말 /(참고) 감탄사의 '좀': 주로 부탁이나 동의를 구할 때 부드러운 느낌을 주기 위해 넣는 말, 현실 발음: [쫌]] 〈닭갈비 많이 매워요? 아니요, (손동작과 함께) 좀 매워요.〉	제시, 설명, 연습, 활용의 순서로 진행한다.

순서	소요 시간	내용	유의점
		[예문] 짬뽕이 좀 짜요. 　　　　신촌에서 이태원까지 좀 멀어요. [확인] ＿＿＿＿ 씨, 교실이 좀 덥지요? 　　　　기숙사 식당의 음식은 많이 비싸요? 　　　　＿＿＿＿ 씨, 한국어가 어때요? 많이 어려워요? 좀 어려워요?	
전개	25분	**문법** 1)　＿＿＿**동사**＿＿＿-은/ㄴ 적이 있어요/없어요. [판서] 닭갈비를 먹다 　　　　핸드폰을 잃어버리다 〈여러분, 닭갈비를 먹어 봤어요? 저는 닭갈비를 먹은 적이 있어요. ＿＿＿＿ 씨는 닭갈비를 한 번도 안 먹어 봤어요. ＿＿＿＿ 씨는 닭갈비를 먹은 적이 없어요. 저는 제주도에 갔을 때 핸드폰을 잃어버렸어요. 저는 핸드폰을 잃어버린 적이 있어요. ＿＿＿＿ 씨는 한국에서 핸드폰을 잃어버린 적이 있어요? 없어요? ＿＿＿＿ 씨는 핸드폰을 잃어버린 적이 없어요.〉 [동사 어간 뒤에 붙어 과거에 어떠한 행동을 한 경험이 있는지 없는지를 나타낼 때 사용한다. '-아/어 보다'와 결합하여 '-아/어 본 적이 있다/없다'로도 많이 사용된다.] **[교체 연습]** ① 칼국수를 먹다 ② 장미꽃을 선물로 받다 ③ 한국어학당 친구의 생일 파티에 가다 ④ 한국어학당에서 영화를 보다 ⑤ 여행을 갔을 때 여권을 잃어버리다 ⑥ 혼자 여행을 하다 ⑦ 한국에서 식당을 예약하다 ⑧ 한국 음식을 만들다	예문을 제시할 때 문장의 난이도를 조절한다.

순서	소요 시간	내용	유의점
전개		⑨ 전화를 잘못 걸다 ⑩ 신촌에서 마을버스를 타 보다 ⑪ 슈퍼주니어 노래를 들어 보다 ⑫ 겨울에 친구와 눈싸움을 해 보다 **[응답 연습]** ① _____ 씨는 한복을 입은 적이 있어요? ② _____ 씨는 약속 시간에 늦은 적이 있어요? ③ _____ 씨는 한국에서 물건 값을 깎은 적이 있어요? ④ _____ 씨는 지하철을 잘못 탄 적이 있어요? ⑤ _____ 씨는 한국 병원에 간 적이 있어요? ⑥ _____ 씨는 혼자 공포 영화를 본 적이 있어요? ⑦ _____ 씨는 한국에 있을 때 감기에 걸린 적이 있어요? ⑧ _____ 씨는 한국 신문을 읽어 본 적이 있어요? ⑨ _____ 씨는 경주에 여행을 가 본 적이 있어요? ⑩ _____ 씨는 한국에서 모범택시를 타 본 적이 있어요? ⑪ _____ 씨는 한국에서 운전해 본 적이 있어요? ⑫ _____ 씨는 노래방에서 한국 노래를 불러 본 적이 있어요? **[교과서 문법 연습]** ① 보기를 예로 보여 주고 설명한다. ② 짝과 함께 그림을 보고 대답하게 한다. (쓰기로 하지 않는다) ③ 교사가 질문하고 학생들이 대답하게 한다.	교재 연습문 제의 쓰기는 숙제로 하도 록 한다.
		2) ____동사____ -는데 _____ . 　　____형용사____ -은데/ㄴ데 _____ . [판서] 이 가방은 남대문에서 샀다　튼튼해요. 　　　불고기는 소고기로 만든 음식이다　맛있어요.	

순서	소요 시간	내용	유의점
전개	20분	〈여러분, 제 가방 어때요? 이 가방은 남대문에서 샀어요. 이 가방은 튼튼해요. 이 가방은 남대문에서 샀는데 튼튼해요. 여러분, 불고기를 먹은 적이 있어요? 불고기는 소고기로 만든 음식이에요. 불고기는 맛있어요. 불고기는 소고기로 만든 음식인데 맛있어요.〉 [뒤의 말을 하기 위하여 그 대상과 관련이 있는 상황을 미리 말함을 나타내는 연결 어미로, 동사 및 '있다/없다'의 어간 뒤에는 '-는데', 받침이 있는 형용사 어간 뒤에는 '-은데', 받침이 없는 형용사 및 '이다'의 어간 뒤에는 '-ㄴ데'가 결합한다.] **[교체 연습]** ① 이 초콜릿은 맛있다/ 좀 달아요. ② 이 책은 지난주에 샀다/ 좀 무거워요. ③ 이 신발은 마트에서 샀다/ 신기가 편해요. ④ 이 볼펜은 친구한테 받았다/ 쓰기가 편해요. ⑤ 이 영화는 멜로 영화이다/ 감동적이에요. ⑥ 저기는 설악산이다/ 경치가 아름다워요. ⑦ 이 바지는 한 벌에 20,000원이다/ 입기가 편해요. ⑧ 김치는 제가 좋아하는 음식이다/ 좀 매워요. ⑨ 탕수육은 돼지고기로 만든 음식이다/ 좀 비싸요. ⑩ 비빔밥은 외국에서 유명한 한국 음식이다/ 맛있어요. ⑪ 이 친구는 에린이다/ 우리 반에서 한국어를 제일 잘해요. ⑫ 이 사람은 호민 씨이다/ 지금 한국 회사에서 일하고 있어요. **[상황 연습]** ① 가: _____ 씨, 오늘 입은 옷이 예뻐요. 어디에서 샀어요? 　나: ② 가: _____ 씨, 그 가방을 처음 봐요. 그 가방을 언제 샀어요? 　나:	

순서	소요 시간	내용	유의점
전개		③ 가: _____ 씨, 열심히 공부하고 있어요? 한국어 공부가 어때요? 　나: ④ 가: _____ 씨의 고향은 어떤 곳이에요? 　나: ⑤ 가: _____ 씨가 살고 있는 방은 어떤 방이에요? 　나: ⑥ 가: _____ 씨, 명동에 간 적이 있어요? / 명동은 어떤 곳이에요? 　나: ⑦ 가: _____ 씨가 좋아하는 음식은 뭐예요? / _____ 는 어떤 　　음식이에요? 　나: ⑧ 가: _____ 씨 나라의 음식 중 외국 사람들에게 유명한 음식은 　　뭐예요? / _____ 는 어떤 음식이에요? 　나: ⑨ 가: _____ 씨, 순두부찌개를 먹어 본 적이 있어요? / 순두부찌개는 　　어떤 음식이에요? 　나: ⑩ 가: _____ 씨, 유카 씨는 어떤 사람이에요? 　나: ⑪ 가: _____ 씨, 사진에서 이 사람은 누구예요? 　나: ⑫ 가: _____ 씨가 좋아하는 가수는 누구예요? / _____ 는 어떤 　　사람이에요? 　나:	
정리	5분	• 학습 내용을 정리한다. • 과제를 준다. • 다음 시간 수업 내용을 예고한다.	

Foreign Copyright:
Joonwon Lee   Mobile: 82-10-4624-6629
Address: 3F, 127, Yanghwa-ro, Mapo-gu, Seoul, Republic of Korea
         3rd Floor
Telephone: 82-2-3142-4151
E-mail: jwlee@cyber.co.kr

립스틱 짙게 바르고 한국어를 가르칩니다

2025. 3. 19. 초판 1쇄 인쇄
2025. 3. 26. 초판 1쇄 발행

지은이 | 강정미
펴낸이 | 이종춘
펴낸곳 | **BM** ㈜도서출판 **성안당**
주소 | 04032 서울시 마포구 양화로 127 첨단빌딩 3층(출판기획 R&D 센터)
     | 10881 경기도 파주시 문발로 112 파주 출판 문화도시(제작 및 물류)
전화 | 02) 3142-0036
     | 031) 950-6300
팩스 | 031) 955-0510
등록 | 1973. 2. 1. 제406-2005-000046호
출판사 홈페이지 | **www.cyber.co.kr**
ISBN | 978-89-315-8349-6 (03700)
정가 | **15,000원**

이 책을 만든 사람들
책임 | 최옥현
기획 · 편집 | 김은주
교정 · 교열 | 김은주
디자인 | 임흥순
홍보 | 김계향, 임진성, 김주승, 최정민
국제부 | 이선민, 조혜란
마케팅 | 구본철, 차정욱, 오영일, 나진호, 강호묵
마케팅 지원 | 장상범
제작 | 김유석

이 책의 어느 부분도 저작권자나 **BM** ㈜도서출판 **성안당** 발행인의 승인 문서 없이 일부 또는 전부를 사진 복사나 디스크 복사 및 기타 정보 재생 시스템을 비롯하여 현재 알려지거나 향후 발명될 어떤 전기적, 기계적 또는 다른 수단을 통해 복사하거나 재생하거나 이용할 수 없음.

■ **도서 A/S 안내**

성안당에서 발행하는 모든 도서는 저자와 출판사, 그리고 독자가 함께 만들어 나갑니다.
좋은 책을 펴내기 위해 많은 노력을 기울이고 있습니다. 혹시라도 내용상의 오류나 오탈자 등이
발견되면 **"좋은 책은 나라의 보배"**로서 우리 모두가 함께 만들어 간다는 마음으로 연락주시기
바랍니다. 수정 보완하여 더 나은 책이 되도록 최선을 다하겠습니다.
성안당은 늘 독자 여러분들의 소중한 의견을 기다리고 있습니다. 좋은 의견을 보내주시는 분께는
성안당 쇼핑몰의 포인트(3,000포인트)를 적립해 드립니다.
잘못 만들어진 책이나 부록 등이 파손된 경우에는 교환해 드립니다.